江戸の給与明細

安藤優一郎 監修

JN022478

MdN新書

043

はじめに

いつの世も他人の収入や給料は気になるものだが、江戸時代に生きた人びとの収入・給料はどれほどのものだったのか。

上は将軍から、下は名もない町人・農民まで、その格差は非常に大きかった。身分や職業でもまったく違っていたが、それまでの時代とは違って、江戸時代に入ると収入・給料を推定できる文献が数多く残されている。場合によっては、その明細までわかる場合さえある。

本書は、そんな江戸の給与明細について五つの切り口から迫るものである。江戸の人々の懐《ふところ》事情を知ることで、江戸時代をもっと身近に感じることができるはずだ。

第一章では、江戸の社会を支配した将軍・大名を頂点とする武士階級の給与明細を取り上げる。今で言うと、お役所に勤める公務員の給与明細ということになる。江戸城には男性だけでなく、大奥に勤める奥女中という名の女性の公務員も勤務していたが、むしろ女性の給与明細の方がリアルにわかるのは意外に感じるかもしれない。

第二章では、江戸を代表する著名人の給与明細に焦点を当てる。著名人の方がどうしても文献が残りやすいため給与事情も判明するが、著名人には武士階級だけでなく、町人階級に属する文化人たちもいた。一般庶民の生活レベルとは異なるかもしれないが、時代劇にも登場するような著名人の収入を知れば、時代劇ももっと楽しめるだろう。

第三章では、幕府や藩が財政難を克服するため駆使した財テクに注目する。米という現物の収入だけでは足りず、現金収入を得ることに何よりも力を注《そそ》いだが、最後の決め手は貨幣の量を増やすことに尽きた。

第四章では、江戸の経済を動かしていた豪商が財を成すに至ったテクニックを解き明かす。莫大《ばくだい》な富を築いたものの、その後、零落《れいらく》した事例もあり、一口に豪商といっても栄枯盛衰が見られた。当時もハイリスク、ハイリターンなビジネスが少なくなかった。

第五章では、豪商には遠く及ばないものの、庶民も商才を生《い》かして収入を増やした姿に光を当てる。その等身大の姿に親近感を感じるかもしれない。

なお、個々のおおよその懐事情はわかるものの、現代の貨幣価値に換算しないとわかりにくいのは確かである。本書では金一両を十二万円と換算したが、江戸時代の物価と現在の物価と比較する場合、何をもって指標とするかでまったく違う数字が出てしまう問題がある。さらには、当時は金貨・銀貨・銭貨という三つの貨幣が同時に流通していた複雑な社会であり、正確には推定できない。あくまでも大まかな目安にすぎないことはご了承いただきたい。
本書の内容を踏まえた上で、江戸時代を描いた時代劇を見たり、時代小説を読んだりすると、現実感をもって江戸の世界が理解できるはずだ。江戸の社会を知る手引きとして、本書をご活用いただきたい。

安藤優一郎

第二章　有名人の給与明細

第三章　武家の財テク

第四章　才能ある商人

第五章　庶民の商才

本文執筆：加唐亜紀
本文校正：石井三夫
図版作成：近藤　勲

現在の価格に換算する

江戸の物価は目安とするもので、あるいは同じものでも時代によって大きく異なっている。そのため、一両が現在いくらになるかを回答するのはむずかしい。

「日本銀行金融研究所貨幣博物館」のウェブサイトでは、米価から計算した金一両の価値は、「江戸初期で約10万円前後」としている。また、『一目でわかる江戸時代　地図・グラフ・図解でみる』（竹内誠監修・市川寛明編）では、「（安定していた米価から）米1石=金1両をおおざっぱな基準としてよい」とあり、さらに「江戸時代の1両は、現在の価値に当てはめるといくらぐらいになるのか。何を比較の基準にするかで、ずいぶん違ってくるようだ。ここでは、職人の賃金を基準にしたものと米の値段を基準にしたものを示したが、30万円と5万5500円と大きな差がある。その中間の十数万円とみるのが適当だろうか」と指摘している。

これらの先達の研究も参考にし、本書ではあくまで目安として、比較的物価が安定していたとされている文化・文政年間（一八〇四～三〇）を基準として採用した。

金・銀・銭の換算も江戸時代を通じて異なるが、幕府の換算基準値の一両=銀六十匁=銭四千文としている。

では、一文を円でいくらにするかという問題である。たとえば、前述の『一目でわかる江戸時代』での指摘のように、米価は現在よりはるかに高く、労働力は、かなり安価だ。そこで、江戸の物価でもっともよく知られている、そば一杯の値段を基準にした。落語『時そば』でも登場するポピュラーな値段である。当時の一杯は、十六文。現在、立ち食いでもなければ、高級な専門店でもないそば屋でのそば一杯の値段が大体五百円前後であることから、一文を三十円とし、そこから金一両を十二万円に設定した。

もちろん、実際の計算式はもっと複雑となるため、多くの異論があるだろう。我々がはじき出した金額は、学術的なものというより、あくまで現代の生活感覚で計算したものとご理解いただければ幸いである。

金・銀・銭三貨の換算レート

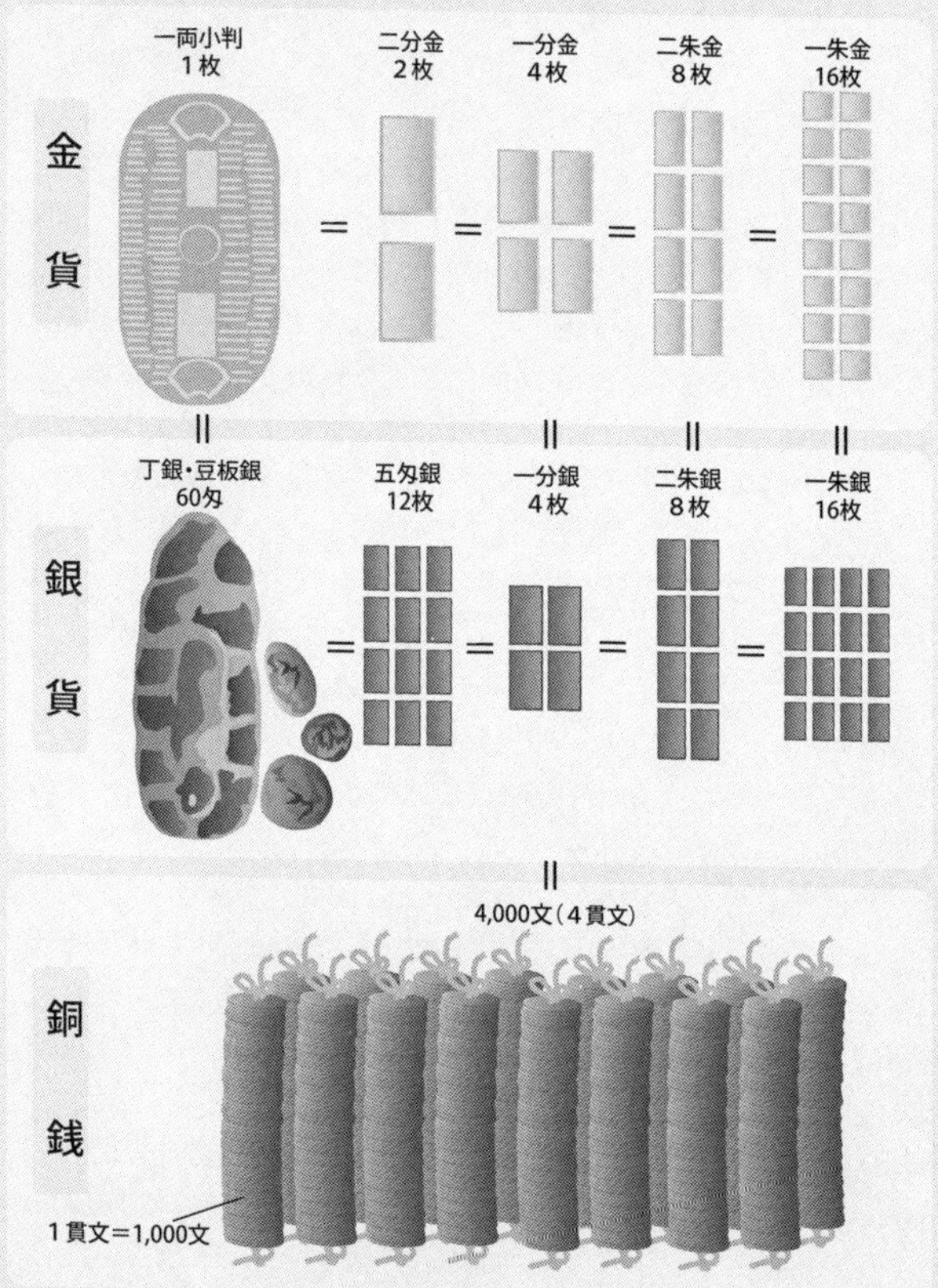

※「匁」は銀貨の重さの単位。銀1,000匁＝1貫目

第一章　江戸時代人のお金事情

〈一〉将軍家のお金事情　初代家康〜三代家光

順調に伸びる歳入

江戸幕府初代将軍の徳川家康は、将軍になる直前の天正《てんしょう》十八年（一五九〇）、豊臣秀吉の小田原攻めでの戦功を認められ、それまでの約百万石から二百五十万石に加増された。といっても、これがまるまる家康のものになるわけではない。この中には家康が自分の家臣に分け与える分も含まれている。よって、家臣に分け与える分を除いた徳川家の直轄《ちょっかつ》地は約百万石。当時、全国の石高は約千八百五十万石であったとされ、徳川家の石高は豊臣家直轄地の約二百二十万石とほぼ同じであった。

関ヶ原の戦い後、家康は豊臣方に味方した大名たちを処分する。改易《かいえき》（御家取り潰し）になった大名家は八十八家、石高にして四百十六万千八十四万石。さらに毛利家など大幅な減封《げんぽう》となった大名も五家あり、二百八万二千七百九十万石の減、豊臣家も直轄領を削減され、合わせて七百八十万石ほどが徳川家に没収された。

その後、論功行賞をおこない、味方した大名たちに加増し、さらに自分の親戚や家臣を大名に取り立てて領地を分け与えた。そして、残りの百三十五万石を自らの直轄地に組み入れ、それまでの約百万石から約二百三十五万石となった。

つまり、江戸幕府が成立した時の徳川家の収入は、米だけで二百三十五万石あまりであったことになる。「現在の価格に換算する」で説明した通り、一石＝一両＝十二万円とすれば、二千八百二十億円となろう。

ちなみに、SF作家で江戸文化に造詣《ぞうけい》の深い石川英輔は、『ニッポンのサイズ』で「加賀百万石」を例にして、次のように述べている。「かつての日本では、一年一人一石といって、一石とは、一人の日本人が一年間に食べる米の量だった」。つまり、百万石なら一年間に百万人が食べられるわけだ。

年貢として集めた米は、売却して金に換《か》える。江戸幕府の財源は直轄地で徴収した年貢《ねんぐ》米の売却益だけではない。管理する鉱山から採掘される金、銀、銅などの貴金属も貴重な収入源であった。幕府はこうした貴金属を使用して、金貨、銀貨、銭貨を鋳造《ちゅうぞう》して通貨鋳造権を独占。今では金だけでなく銀や銅も日本で取れたというイメージはないが、かつてはベネチアの貿易商人のマルコ・ポーロが、日本を「黄金の国」と『東方見聞録』で紹介したように、黄金の国にふさわしいほど大量の貴金属が産出されていた。この貴金属を使って鋳造した貨幣は、市場に供出された時に製作費を差し引いた分はすべて幕府の収入になる。このように貨幣の流通量を幕府が調整することができた。

徳川家の財政は、初代の家康、二代の秀忠《ひでただ》、そして三代目となった家光《いえみつ》の時代までは潤沢《じゅんたく》で、五代将軍の綱吉《つなよし》の元禄《げんろく》時代には、直轄地が約四百万石に達したという。

〈二〉将軍家のお金事情　四代家綱～五代綱吉

天災と復興

初代の徳川家康から三代の家光まで順調に歳入を伸ばしてきた江戸幕府であったが、家光が亡くなると、事態が一変する。そのきっかけが、明暦《めいれき》三年（一六五七）一月十八日から翌十九日に起こった明暦の大火であった。この大火事で三代にわたって整備された江戸の町のほとんどが灰燼《かいじん》に帰してしまった。江戸時代を通して最大の火災で、江戸城も西の丸以外は全焼。町に至っては六割以上が焼失。その規模の大きさに、江戸の町づくりをやり直すためにわざと火をつけたのではないかという説を唱える人まで現れる始末である。死者も十万人以上、焼け出された人は数知れず、幕府は被災者の救済から着手する。浅草にあった幕府の米蔵から六千石（七億二千万円）もの米を供出し、市内六カ所の御《お》救《すくいご》小屋《や》で粥《かゆ》をこさえ、鎮火した一月二十一日から翌月の二月二日まで人びとに振る舞った。この時、紀州藩が国元から品川に回漕《かいそう》した三千石の米を献上。幕府はこれを廉価《れんか》で販売し、商人たちがこの騒ぎに便乗して米を売り渋ることや高値で米を販売することを防いだ。

二月九日、幕府は市内の復興を優先させるため、年内の江戸城再建を見送る方針を固めて、罹災《りさい》した大名や幕臣に対し石高に応じて金銀を下賜《かし》もしくは貸与。武家だけでなく町人にも銀一万貫（二百億円）を下賜《かし》している。このように大盤振《おおばんぶ》る舞《ま》いをすることで将軍への求心力を高め、権力基盤の強化を図る目的があった。

家康以来江戸城内の奥御金蔵にためてきた金は、明暦の大火後の寛文《かんぶん》元年（一六六一）時点で三百八十万両（約五千億円）以上あったといわれている。しかし、明暦の大火からの復興のために予定外の支出となり、幕府は三代にわたって蓄《たくわ》えて来た金に手をつけざるを得ない状況に陥《おちい》った。また、この頃になると年貢収入の伸びも頭打ちになり、金銀の産出量もかつての勢いがなくなっていた。その上、消費経済の進展により歳出が増加して年間の収支が赤字となった。

四代将軍家綱《いえつな》の世は、幕府財政に薄雲がかかった状態であったが、この跡を継いだ五代将軍綱吉の時代は、その雲が暗雲に代わったといえるだろう。綱吉は家綱の弟で、兄に嗣子《しし》がいなかったため、将軍になった。将軍になる前、分家の館林《たてばやし》徳川家二十五万石の大名となっており、館林藩の家臣団を従えて江戸城に乗り込んでいる。この家臣団には側用人《そばようにん》として有名な柳沢吉保《やなぎさわよしやす》も含まれる。これにより館林徳川家は事実上将軍家に吸収され消滅してしまったが、その分、幕臣が増えたことで人件費が増大し、幕府財政が赤字に転落する大きな原因となった。

綱吉は母（桂昌院《けいしょういん》）の影響もあって、信仰心が篤《あつ》かった。現在、地名でも残る都内文京区の護国寺は、桂昌院が綱吉に働きかけて創建させた。このほか、のちに護持院と改名された知足院《ちそくいん》の普請《ふしん》、日光山や熱田神宮の修復などに出資し、元禄元年（一六八八）から元禄九年までの間に、延べ三十四の寺社に約二十二万九千二百六十九万両もの修復費を支出していたという。

一方、綱吉といえば、「生類憐《しょうるいあわれ》みの令」が有名だ。犬とかかわりあって罰せられることを恐れて人々は犬を飼育しなくなり、その結果、野犬が増えた。幕府はやむなく野犬を収容する小屋を設営するために四谷《よつや》、大久保、中野に広大な土地を確保。設営費は大名たちに負担させ、飼育費用は幕領の農民や町人たちから徴収した。

年貢・貴金属の減少

収入が頭打ちになった原因の一つが年貢の減少である。この頃、新田開発が一段落したため、劇的な増収は望めなくなっていた上、年貢率が三割を切っていた。綱吉は幕府領を管理する代官が、配下の手代にまかせっきりにする、年貢の取り立てを先送りにするなど、職務怠慢《たいまん》や不正をおこなっているとして服務規定七箇条を布達。さらに天和《てんな》元年（一六八一）、勘定所は全代官の年貢徴収状況を調査し、三十人以上の代官が処分された。

一方、直轄鉱山からの金、銀、銅の産出量も減少し始める。無尽蔵《むじんぞう》にあるわけではない上、産出した金・銀で造られた貨幣や銅が貿易を通じて海外に流出したのも大きかった。一説によると、中国産の生糸《きいと》や絹織物の代金として金二百三十九万七千六百両、銀三十七万四千貫が支払われたという。幕

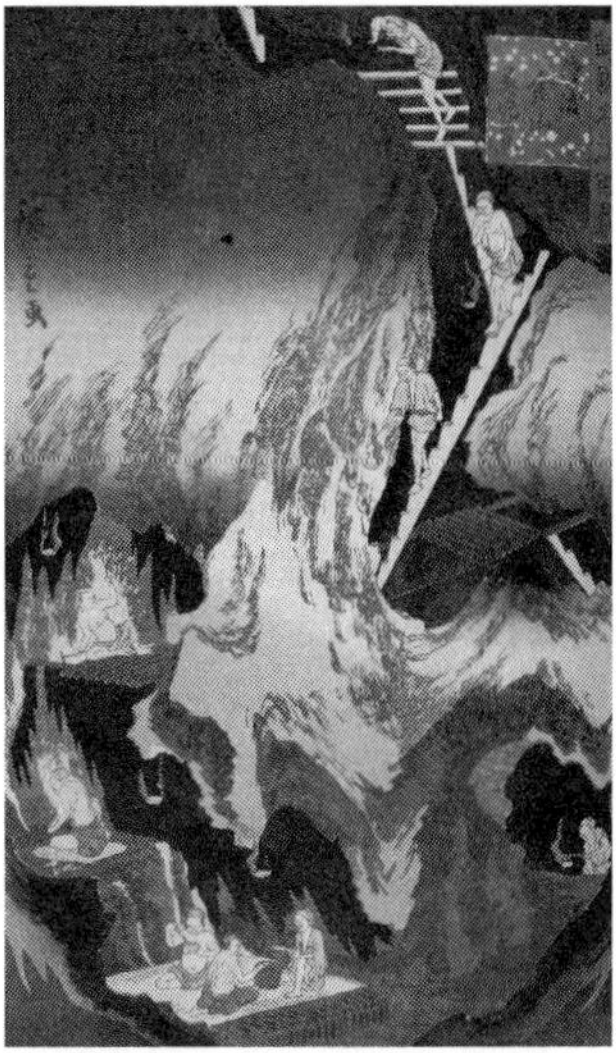

名所絵の達人・歌川広重が描く「佐渡金山奥穴の図」。佐渡は日本最大クラスの金山で、江戸中期から産出量が減り、1989年に閉山した（『諸国名所百景』国立国会図書館蔵）

末から明治にかけて日本は生糸などで外貨を稼いだと記憶している方も多いと思うが、当時の日本の製糸技術は貧弱で上等な物を作ることができなかった。また、元禄頃から砂糖を使用した菓子が身分の高い人の間で広まるが、砂糖は日本で生産されておらず、おもにオランダからの輸入に頼っていた。オランダ商船から日本にやって来る時の船のおもり《バラスト》は砂糖で、帰りは日本で大量にとれた銅であった。

このため、材料にする金属が不足し、貨幣の発行量を増やすことはなかなか難しかった。赤字となった幕府財政を立て直すべく通貨の改鋳《かいちゅう》という禁じ手を断行する。金貨と銀貨を回収して溶かし、含まれる金や銀を少なくして別の金属に置き換えた貨幣を鋳造する。たとえば、百パーセント金で造られた十グラムの一両小判を溶かして、五十パーセントを金で残りを銅にして十グラムの一両小判を造れば、十グラムの金で二枚の一両小判ができる。幕府はこうして流通する貨幣の量を増やした。この結果、貨幣の価値が下がり、インフレが起こって庶民の生活が苦しくなってしまった。その一方、海外にこれ以上金や銀が流出しないように「海舶《かいはく》互市《ごし》新令《しんれい》」を出したが、状況はあまり変わらなかった。

〈三〉将軍家のお金事情　六代家宣〜八代吉宗

「暴れん坊将軍」の大改革

徳川五代将軍綱吉の跡を継いだ六代将軍家宣《いえのぶ》は、将軍になってわずか三年あまりで亡くなり、次代の家継《いえつぐ》は五歳で七代将軍に就任したものの、八歳で夭折《ようせつ》。これによって、徳川宗家直系の血が途絶えてしまった。家康は宗家の嗣子が途絶えた時のために尾張《おわり》藩、紀州藩、水戸《みと》藩を創ったが、この制度が役立つ時がやって来た。紀州藩主の吉宗《よしむね》が八代将軍に指名されたのである。

吉宗は二代紀州藩主の徳川光貞《みつさだ》の四男として生まれた。普通ならば藩主にはなれない四男だが、兄たちが次々と亡くなったため、五代藩主の座につき、財政難に陥《おちい》っていた紀州藩の立て直しを成功させた。一説によると、この手腕が買われて将軍の座を射止めたといわれている。

将軍となった吉宗は、日頃の生活を切り詰めて自ら範を示すことで倹約を励行《れいこう》し、経費節減を図る。たとえば、一日三食を二食にし、一回の酒量を定めてそれ以上は飲まないようにした。これは紀州藩で用いた手法であった。

しかし、支出を抑えるだけでは財政は正常化しない。収入を増やすためには米を増産し、その分を年貢として取り立てればよい。しかし、米を大量に作れといわれても田がなければ話にならず、新しく田を開拓するためには相応の時間がかかる。だが、幕府の財政はそれを待っていられないほど切迫していた。なぜかといえば、綱吉、家宣、吉宗と藩主から転身した将軍が続いたからである。彼らは藩主であった時の家臣を幕臣に取り立てたために、幕臣の数が飛躍的に増えていた。人件費は膨《ふく》らみ、享保《きょうほう》七年（一七二二）に幕臣への俸禄米《ほうろくまい》が払えなくなってしまった。そこで、吉宗は大名から一万石に対して米百石を幕府に上納させる上米令《あげまいれい》を出した。その代わりに参勤交代の江戸在府期間を一年から半年に短縮した。江戸での生活には膨大《ぼうだい》な費用がかかるため、これを軽減した上で米を差し出させたのである。こうして集めた米を幕臣の俸禄にあてた。ただし、これは緊急処置であり、新田開発が成功し年貢米が増えた八年後に解除され、大名の在府期間は一年に戻されている。

吉宗は新田開発に力を入れると同時に、年貢率のアップにも注力した。それまでの年貢は、収穫前に代官やその配下の手代《てだい》などが作柄を確認して決めていた。これだと実際の収穫量に則していたが、農民側が年貢率を低くしてもらおうとして接待をするなどの不正が横行する原因ともなった。

そこで、過去数年の年貢量をもとに、納めるべき量を決めたのである。もちろん、記録的な不作の年には、特別に作柄を調査して改めて年量を決めることにもした。豊作の年には農民の手元に残る量が増えるため、農民たちは年貢率を引き上げた新しい「定免法《じょうめんほう》」という方法を受け入れた。こうして、享保十五年には歳入が歳出を六万両（七十二億円）以上も上回り、黒字に転換した。

〈四〉将軍家のお金事情　九代家重～十二代家慶

失敗に終わった寛政の改革

享保の改革によって定免法となった年貢だが、豊作の年は農民にとって損はない。しかし、毎年豊作とは限らない。凶作となった時にも決められた年貢を納めなければならないのは、負担が大きかった。そのため、年貢が納められず逃げ出してしまう農民や、百姓一揆などが起きるようになってしまった。年貢収入だけでは歳入に限界があると気づいた幕府は、豊かになった商人に目をつけ、運上《うんじょう》金《きん》や冥《みょうが》加金《きん》という税を課した。それまで商人からは決まった税を取っていなかったのだ。また、黒字になった金を大名たちに貸し付けたが、徐々に返済が滞《とどこお》るようなった。

黒字になった税制が再び苦しくなり、重ねて財政改革がおこなわれた。指揮を執《と》ったのは享保の改革を断行した八代将軍徳川吉宗の孫で老中首座の松平《まつだいらさだのぶ》定信であった。

定信が寛政《かんせい》の改革と呼ばれる改革に着手する直前の天明《てんめい》年間（一七八一～一七八九）には、江戸の三大飢《き》饉《きん》の一つに上げられる天明の飢饉が東北地方や北関東を襲い、多くの餓死者が出た。また、年貢を払えなくなり耕地を捨てて村から逃げる農民が続出し、農村は荒廃していった。このため、寛政二年（一七九〇）、旧里帰農奨励令が出される。これは農村を捨てた農民の多くが江戸にいたから、資金を与えてもとの場所に返そうとしたのだ。同時に農村からの出稼ぎを制限して農民を農業に専念させようとした。

さらに、江戸住まいの豪商たちを勘定所の御用達《ごようたし》として取り立て、その資金力と経営手腕を生《い》かそうとした。試みは成功し、幕府終焉《しゅうえん》まで続いた。また、飢餓や災害時に幕府が町人たちに生活支援のために給付する御救《おすくい》米《まい》や御救金の原資を、江戸の町から徴収するという制度を整える。町の自治のために必要な町入用を節約させ、生まれた余剰金の七割（七分）を積立金として差し出すように命じた。この金で備蓄米を買い入れたことから七分積立と呼ばれ、天保《てんぽう》の飢饉に見舞われた天保四年（一八三三）には三十万人以上に御救米を配給することができた。この配給により、江戸では天明の飢饉の時のような米騒動は起きなかったといわれている。

同時に経費カットもおこなった。定信が目をつけたのは大奥であった。大奥とは将軍の正室や側室、子どもなどが生活している場所である。彼らの生活を支えていたのは数百人の女性たちであった。大奥の主《あるじ》は将軍の家族であるから、定信としては将軍自ら生活費を切り詰める必要があると、将軍補佐役という立場を利用し、聖域として手をつけてこなかった大奥に手を突っ込んだ。具体的にはどこをカットしたのかわからないが、大奥の経費は三分の一になったという。これが大奥から反感を買い、定信の足を引っ張ることになった。

自藩での経験をもとに推進された天保の改革

結局、定信は老中と将軍補佐役を辞職する事態に追い込まれ、寛政の改革は終焉《しゅうえん》。その後、十一代将軍家斉《いえなり》は、それまで抑えられていた反動からだろうか、豪奢《ごうしゃ》な生活を送るようになり、またまた財政が悪化する。さらに家斉には五十人以上の子どもがいたことが財政難に拍車をかけた。子どもの多くは成人しなかったが、成人した子どもたちをいつまでも江戸城内で生活させるわけにはいかない。男子は大名家へ養子に、女子は輿入《こしい》れさせて城内から出すが、その際、まさか身一つでとはいかず、それなりの支度《したく》や持参金、さらに受け入れる側の家格も将軍家に見合うように引き上げるために加増する必要もあり、膨大な出費を強《し》いられた。

赤字を埋めるため、幕府はまたも改鋳という禁断の錬金術をおこなう。結果、総額五百五十両（六千六百万円）もの臨時収入を得ることに成功した。幕府は財政破綻《はたん》を免れたものの、インフレが江戸を襲った。

天保八年、五十年にもわたって将軍の座にいた家斉が隠居し、息子の家慶《いえよし》が十二代将軍に就任した。代替わりの儀式には金がかかる。そのため、幕府はまたしても改鋳に走る。幕政は何かあると改鋳に手を出すという不健全な体質になり、それとともに通貨の品質低下によって幕府の権威を失墜させるという副作用もあり、これが幕府の終焉を早めた要因になったともいわれている。

こうした最中、大御所として君臨していた家斉が天保十二年に亡くなると、老中首座の水野《みずの》忠邦《ただくに》は幕閣の一部を罷免《ひめん》し、改革を断行する。

まず、幕府領の年貢徴収を強化する。江戸や大坂周辺には都会の町人向けの商品作物を作る農民が多かった。当時課税されるのは米だけだったから、こうした農民は商品作物分の税金は払わなくてよいので、その分、裕福であった。幕府はこうした裕福な農民に目をつけたのである。藩や旗本は裕福な農民に臨時支出が必要な場合、御用金を供出させていた。御用金は利子をつけて返さなければならないのだが、返済が滞ることが多かった。領主が変わることで借金が踏み倒されることを恐れて、農民たちは一揆を起こして現在の領主たちに借金を返すことを求めたのである。

領民だけではなく大名自身の問題もあった。上知令《あげちれい》である。幕府は江戸や大坂の城から半径十里（約十キロ）以内の大名や旗本の領地を取り上げて幕府領にしようと画策したのだ。

大名は領民に突き動かされる形で、忠邦の改革を反対する。中でも老中の土井《どい》利位《としつら》の存在が大きかった。利位は古河《こが》藩主であったが、大坂城近くの対象地域に広大な飛び地を持っていた。結局、忠邦は計画を撤回せざるを得なくなる。また、大奥の改革をおこなうとして反発を食らったこともあって、忠邦は老中を辞職し、天保の改革は失敗に終わった。

参勤交代廃止で江戸の消費が低迷

江戸時代後半になると、日本近海に異国船が出没し始めた。海防の資金をひねり出すべく、大名たちに課していた参勤交代制を緩和し、その費用を軍備に当てさせようとした。

標準的な参勤交代は、一年ごとに国元と江戸とを往復する。もちろん、大名一人が移動するわけではなく、家臣を大勢引き連れているから経費がかかる。藩の大小でも異なるが、各藩の年間支出の一割程度だったようだ。さらに江戸での生活はいろいろと金がかかるようにできており、藩の年間予算の半分は江戸で消費されていた。この参勤交代が三年に一度、妻子の帰国を認め、江戸の滞在期間は百日に短縮するなど緩和された。これによって大名やその家臣たちの出費によって潤《うるお》っていた江戸や、参勤交代で通過する宿場町は、経済的な打撃を受ける。幕府の目論見《もくろみ》どおり、ゆとりのできた各藩は軍事力を強化できたが、その代償として経済的な打撃を受けた人びとの不満が高まり、幕府への不信感が形成されることになったのである。

大名も弱体化する幕府に対して対抗姿勢を隠さなくなった。幕府は元治《げんじ》元年（一八六四）に参勤交代の緩和を撤回するが、もはや大名たちは従おうとしなかった。

薩長の肩代わり

安政《あんせい》五年（一八五八）六月十九日、幕府はアメリカとの間で日米修好通商条約締結を皮切りに、オランダ、イギリス、ロシア、フランスと通商条約を結ぶ。これによって神奈川（実際には横浜）、長崎、兵庫（実際には神戸）、新潟、箱館《はこだて》を開港することになり、日本はいわゆる鎖国状態から脱することになる。今までは、決められた場所で決められた人たちが、決められた分だけおこなっていた貿易を自由にできるようになった。外国人も開港された港の周辺など活動範囲は規制されていたものの、これまで出島《でじま》から出ることができなかったオランダ商館員に比べれば、自由に行動することができた。

決められた範囲とはいえ、外国人が国内にいるのは彼らを排除しようとする攘《じょう》夷《い》運動をする人たちには耐えがたいことであった。横浜開港から、わずかひと月後の安政六年七月、攘夷の志士がロシアの士官・水兵を殺傷する事件を起こしたのをはじめ、似たような事件が続き、万延《まんえん》元年（一八六〇）二月にはオランダの船長たちが殺害され、幕府はオランダに二千両（二億四千万円）の賠償金を支払った。外国人の殺害事件で幕府が支払った賠償金の最高額である。

幕府が支払った賠償金はこれが最後ではない。実は他藩が起こした事件の賠償金も実質的には幕府が出していた。たとえば、東海道神奈川宿近郊の生麦《なまむぎ》村で薩摩《さつま》藩主父の島津《しまづ》久光《ひさみつ》の行列を横切った四人のイギリス人が斬りつけられ、うち一人が絶命した。イギリスでは開戦もやむなしと横浜港に軍艦十二隻を停泊させ、賠償金と犯人の処刑を求めた。幕府はこの圧力に屈服し十万ポンドを支払う。イギリス軍は薩摩湾で同じように圧力をかけて薩摩藩にも賠償金と犯人の処刑を要求したが、交渉は難航し、七月二日、戦闘が勃発《ぼっぱつ》。これが薩英戦争である。結果は両者痛み分けで、薩摩藩は犯人の捜索と処刑に加えて賠償金二万五千ポンドの支払いを同意した。しかし、犯人は行方不明で処理され、賠償金も幕府が立て替えたが、薩摩はその立替金を幕府に返済しなかった。

もう一つ、幕府が肩代わりした件がある。文久《ぶんきゅう》三年（一八六三）五月十日は、幕府が朝廷に約束させられた攘夷決行の日であった。前日に幕府はイギリスに賠償金十万ポンドを支払ったばかりで、それどころではなかったのだろう。しかし、長州藩は先鞭《せんべん》をつけるため、関門海峡を航行中のアメリカとフランス商船に砲撃を加えた。それに両国は黙っているはずもなく、翌月に長州藩の軍艦や砲台が攻撃され、翌年の元治元年八月には、さらなる報復攻撃を受けた。イギリス、フランス、アメリカ、オランダの四カ国連合艦隊による攻撃で、下関戦争、あるいは馬関戦争と呼ぶ。

圧倒的な軍事力の前に長州藩は講和すべく藩士の高杉晋作《たかすぎしんさく》を派遣し、三百万ドルの賠償金の支払いなどの条件を飲み、事実上降伏した。しかし、この賠償金を長州藩ではなく、幕府が支払う結果になった。長州藩は幕府が朝廷に約束した攘夷に従っただけだと言い張り、それが通ってしまったのである。財政難の幕府は巨額の賠償金を一度に支払うことができず、分割に応じてもらったが、その見返りに関税率が二十パーセントから五パーセントに引き下げることを認めさせられた。

薩摩藩や長州藩がおこなった攘夷活動の尻拭《しりぬぐ》いのために幕府は巨額の賠償金をイギリスなどの外国に支払い、これによって幕府財政はますます悪化し、同時に弱体化していったのである。

さらに幕府が大きな負担を強《し》いられる事件が起きた。長州藩が武力をもって京都に入り、当時、幕府を代表する一橋慶喜《ひとつばしよしのぶ》が守る御所を攻撃、会津《あいづ》藩や薩摩藩に敗れた。朝廷に向けて発砲した長州藩は、朝廷の敵、つまり朝敵となってしまった。幕府や諸藩は朝廷からの命によって征長軍を結成。第一次長州戦争が始まるが、征長軍の参謀を務めた西郷隆盛の尽力《じんりょく》により、征長軍は戦わずに勝利を収めた。幕府は長州藩に戦後処理の一つとして藩主の毛利《もうり》敬親《たかちか》・広封《ひろあつ》親子の江戸送還を求めた。二度と幕府に歯向かわないようにする目的だったが、強硬派の高杉晋作が藩内の政変で主導権を握ったため、結局、藩主親子は江戸には送られず、幕府との二回目の戦いに突入する。

幕府は長州藩が従わなければ進軍するという脅しのつもりだったが、思わぬ武力衝突を迎えることになる。出陣には金が必要であったが、財政難で調達は難しく、江戸や大坂をはじめ全国の幕府領に居住する豪農・豪商・寺社などに御用金を命じた。この時、幕府が調達できたのは三百万両（約四千億円）といわれている。実際にはこれでは足らず、最終的には四百三十七万両、五千億強もの金が費やされたのである。

〈六〉 御三卿のお金事情

将軍の扶養家族

徳川家康は晩年になって九男義直《よしなお》、十男頼宣《よりのぶ》、十一男頼房《よりふさ》をもうけた。三人の男子は順に尾張《おわり》藩、紀州藩、水戸《みと》藩の藩祖となった。この徳川家の一族を御三家《ごさんけ》といい、宗家に男子がいなかった場合、三家の中から次の将軍候補を出すことになっていた。石高でいえば、尾張藩は六十二万石、紀州藩が五十五万五千石、水戸藩が二十八万石（のち三十五万石）であった。三家とも幕藩体制下において大大名であったから、藩元の居城のほか、江戸には広大な江戸屋敷を有していた。尾張藩の上屋敷跡は防衛省になり、紀伊藩の中屋敷跡は迎賓館《げいひんかん》赤坂離宮や東宮御所《とうぐうごしょ》がある赤坂御用地になっている。また、水戸藩上屋敷の庭園は小石川後楽園として公開されており、栄華を偲《しの》ばせる。

御三家に似て非なるものに御三卿《ごさんきょう》がある。八代将軍吉宗《よしむね》によって創設された将軍家の分家となる三家を指す。田安《たやす》家を次男の宗武《むねたけ》、一橋《ひとつばし》家を四男の宗尹《むねただ》、清水《しみず》家を孫の重好《しげよし》（吉宗の長男で九代将軍家重《いえしげ》の子）と、吉宗の子・孫が三家の初代当主となった。御三家と同じように宗家に嗣子《しし》がいなかった場合、この三家から将軍を出すことができる。

余談だが、御三卿の名字を「田安、一橋、清水」と思っている方は多いだろう。実は、この名は三家の屋敷があった場所にちなんだ通称であり、名字ではないのだ。宗武は江戸城内の田安門近くに屋敷があったから田安家、宗尹は同じく一橋門内に屋敷を拝領したから一橋家、重好は清水門近くに屋敷を置いたから清水家と呼ばれるようになった。徳川宗家も御三家も御三卿も名字はみな徳川である。区別するために屋敷の場所を名字のように使用していた。今でも、親戚に同じ名字が多いので、親族の中では「埼玉のおばさん」とか、「神田のおじさん」などと、住んでいる所の地名を名字のように使っているのと同じと思えばよいだろう。

御三家も御三卿も正式な名字は徳川であるが、これはとても重要なことで、徳川一門は数多くいるが、「徳川」と名乗っている男子だけが将軍になれる資格があった。たとえば、松平定信《さだのぶ》は田安宗武の子として生まれたものの、白河藩主の松平定邦《さだくに》の養子となったため、将軍候補から外《はず》されることになった。御三卿の子として生まれながら福井藩主となった松平春嶽《しゅんがく》も同様で、将軍の座につくことができなかった。

御三卿より御三家の方がよかった

成り立ちなど、御三家とさして変わらない。しかしながら、御三家は大名だったが、御三卿は大名ではなかった。住んでいたのも前述のとおり江戸城内だ。独立して一家を構えていたというよりも、広い屋敷地の中に離れを建ててもらったという感じだ。

石高もそれぞれ十万石を与えられていたが、御三家に比べて格段に少ない。十万石といえば、城を持つことができるが、御三卿にいたっては居城はなく、領地は将軍家から分け与えられていたものであった。しかも領地は一カ所ではなく、六、七カ所程度に分かれていた。ただし、これはリスク回避の意味があったとする説もある。たとえば、東北地方は冷害で米が取れなくても近畿地方は豊作ということもあるし、中国地方が台風で稲が流されてしまっても北陸では被害が少なかったということもあるからだ。ちなみに田安家の場合は武蔵《むさし》（東京都、埼玉県、神奈川県）、下総《しもうさ》（千葉県、茨城県）、甲斐《かい》（山梨県）、摂津《せっつ》（大阪府）、和泉《いずみ》（大阪府）、播磨《はりま》（兵庫県）に領地があった。

南湖神社の松平定信銅像（福島県白河市）

領地だけではない。家臣についても御三卿が独自に雇っていた者は少なかった。家臣は幕臣や幕臣の次男・三男などが多く、とくに家老や用人などの要職を務めていた者は将軍家から出向してきた者で占められていた。しかも、幕府人事のあおりを受けて押し出された人物が御三卿家に転出することもしばしばあった。

なお、御三卿だけの特別な制度があった。それは当主がいなくとも家が存続できた。大名は当主がいないと家がお取り潰《つぶ》しとなってしまう。そうならないために、当主の死をひた隠しにしたり、幼児を成人と偽《いつわ》ったりなど涙ぐましい努力をしていた。将軍家や御三家でも例外ではない。かたや、御三卿は当主がいなくとも空屋敷といって家が存続し続けた。これは、将軍家をはじめ一門の家で跡取りがいない場合に御三卿家から養子に入り、その家の当主となることが多かったからだ。とくに御三卿のうち清水家は、他の二家に比べて当主が不在であった期間が格段に長かった。そのため、田安家や一橋家に比べて政治力に欠け、前述したように田安家が松平定信や松平春嶽のように幕政を担うような人物を輩出したり、一橋家のように十一代将軍徳川家斉《いえなり》・十五代将軍徳川慶喜《よしのぶ》と二人の将軍を生み出したりすることもなかった。

〈七〉大名のお金事情

領地から生産された米が収入源

一万石以上の石高の将軍直属の武士のことを大名という。下は一万石から上は俗に百万石といわれている加賀前田家まで、時代によって推移はあるが、三百人ほどいたことになる。推移があると書いたのは、いったんは大名となったのに、そうでなくなることがままあったからである。一般的なのは事件を起こしたり、規則を破ったりして御家取り潰し（改易）になることであろう。たとえば、福島《ふくしま》正則《まさのり》は幕府に無断で城を修理したことが規則違反となり、また加藤清正《かとうきよまさ》の息子（忠広《ただひろ》）は怪文書を作ったことをとがめられて改易となった。もっとも、この二人の場合は、どうにかして取り潰してしまいたいという目的が先にあり、難癖をつけられた可能性は高い。蒲生氏郷《がもううじさと》の孫である忠郷《ただささと》は後継ぎがなく、やはり改易となった。そのほか井伊谷《いいのや》藩主だった近藤家は相続時に息子三人で遺領を分割したために大名ではなくなったが、これは特殊な例である。

大名のおもな収入源は、領地で作られた米である。たとえば、百万石といえば、百万石の米が取れる土地があるということになる。ただし、これはあくまでも幕府公認の表高《おもてだか》（額面上の石高）で、新田開発や農法などの工夫によって、増産に成功した藩もあれば、冷害や水害で表高通りに収穫できない藩もあった。実際の石高を内高《うちだか》という。もちろん、これがすべて大名のものになるわけではない。藩によって年貢率は違うが、江戸時代半ばまでは四公六民が多かった。百万石であてはめると、大名のもとに納められる年貢は四十万石だ。

さらに四十万石すべてが大名のものになるかといえば、そうではない。武士は、いざという時に家臣を従えて戦場に赴《おもむ》かなければならない。石高によって軍備が決められていたが、上杉家のように領地が減らされたのに家臣をクビにしなかったため、石高に見合わないほど大勢の家臣を抱えていた藩もあった。こうした家臣に給料を払わなくてはならない。加賀前田家の場合、一万石を超える家が八家もあり、最も高い本多家は五万石ももらっていたという。石高の多い家臣には米ではなく、領地（知行）で支給するのが普通であった。

加賀前田家の場合

では、加賀前田家の収入はいくらぐらいだったのだろうか。江戸時代後半の文化期の加賀前田家の内高は百三十四万石。家臣への知行、社寺の領地など七十五万石を差し引くと、五十九万石となる。そのほか、困窮農民への救済分などがあり、約五十万石が前田家自体の領地だった。当時は年貢率が上がり、五公五民であった。この割合で計算すると、約二十五万石が家の収入で、これを大坂に送っ

米の取引は路上でおこなわれたため、取引後に居残る人びとを追い払うために水をまいた（『浪花名所図会』「堂じま米あきない」国立国会図書館蔵）

て銀に換えた。米の値段は大坂の堂島《どうじま》米市場で決まるからだ。堂島の周りには、大きな藩の米を納めて置く蔵屋敷が建てられていた。変動相場であったので、うまく相場を読めば高値で米を売ることができた。一石を銀六十匁《もんめ》として計算すると、この時期の歳入は銀一万貫となり、今の金額にすると十七万両弱（二百億円）くらいになる。

　さて、支出はどうだったか見てみよう。文化よりも少し下った天保の頃は、加賀藩内の支出が四千八百貫（九十六億円）、江戸での支出が七千三百二十貫（百十四億六千四百万円）、京大坂での支出が七百貫（十四億円）で合計一万二千八百二十貫、現代の円でおよそ二百二十四億円だったという。実は、元禄頃までは国元も江戸もどちらも四千貫（八十億円）ほどの支出であったが、この頃から貨幣経済が浸透したため、幕末に近い天保期には倍以上の差がつくようになったと考えられる。これは加賀藩だけでなく、他藩でも同様で、藩の収入の大半を江戸藩邸で消費していたのである。特に老中など役職につくと、国元には帰らず常に江戸にいることになる。こうしたお殿様は、今でも地元のお金を江戸に持ち去ったと人気がないようだ。

天保よりもだいぶ前にはなるが、宝暦《ほうれき》四年（一七五四）の記録を見てみると、江戸藩邸には四千五百人がおり、全体の支出が七千四百八十五貫（百四十九億七千万円）、そのうち、江戸勤務の藩士に支給する詰人《つめびとお》御扶持《ふち》入用銀が三千二百貫（六十四億円）、江戸藩邸で雑用などをこなす小者《こもの》女中の入用銀が五百貫（十億円）、小者女中の仕着《しきせ》入用銀（衣服代）が三十五貫（七千万円）と、人件費が大きなウエートを占めていたことがわかる。

また、加賀藩のような大藩には「将軍御成《おな》り」といって、江戸藩邸を将軍が訪れることがある。この時、将軍が過ごすための御成御殿を新しく造らなければならなかった。材木費だけでも十七万両（三百四億円）、工事費は二十万両（二百四十億円）に及び、御成り当日は一万人分の料理が用意されるなど大変な物入りであった。

このほか、大名にとって大きな負担となっていたのが、参勤交代の費用であった。参勤交代は藩主一人が江戸と領国との間を往復するのではなく、石高によって定められた人数を従えなければならない。大勢の人間と彼らが必要とする物品が動くとなると、どうしてもその費用がかさみ、少なく見積もっても今の金額で十億円近くの支出になったといわれている。

こうも支出がかさんでは百万石の加賀藩とはいえ、財政は火の車であった。

〈八〉陪臣（大名家臣）のお金事情

ピンからキリまでいた大名の家臣

大名の家臣は又者《またもの》、または陪臣《ばいしん》と呼ばれる。彼らの石高はまちまちで、最も高いのは尾張藩の付家《つけが》老《ろう》であった平岩親吉《ひらいわちかよし》。十二万石を超える石高を誇っていた。ちなみに付家老とは、幕府が御三家や御三卿、本藩から支藩に対して指導監督のためにつけた家老のことだが、一般的には御三家の付家老を務めた家を指す。このうち、尾張藩の成瀬《なるせ》家と竹腰家、紀州藩の安藤家と水野家、水戸藩の中山家は大政奉還後に立藩し、いずれも当主が藩主に就任している。この五家では成瀬家が犬山城、安藤家が田辺城、水野家が新宮城と城も構えており、付家老のほかにも仙台藩の片倉家のように家臣でありながらも城持ちの家臣もいた。城主ではなかったが、加賀藩では一万石を超える家臣が八人もいたという。

その一方で、藩主自体が一万石程度の小藩では、家老でも二百石程度、最下級の旗本程度の石高しかない家臣が普通だった。一万二千石の三河田原《みかわたはら》藩の家老を務めた渡辺登《わたなべのぼり》こと渡辺崋山《かざん》は、父親が病弱であったため貧しく家計を助けるために絵を描いていたという。

こうした家臣たちの俸禄《ほうろく》（給料）は、主《あるじ》である大名から支給される。家老を務めるような大身たちは領地を与えられた。もちろん、大名と同様に知行地が一万石であっても本人に入ってくるのは、その四割から五割程度にすぎない。大身の次に格式の高い家臣は、米でもらった。米でもらった場合は、米を商人に売却して現金化した。さらに格下の場合は現金での支給となった。

貨幣経済が進むと、何かと物入りとなり、大名があちらこちらで借金を重ねるようになると、俸禄が額面通りに支給されることがなくなっていった。

かさむ参勤交代の費用

武士たちは石高に合わせて軍役《ぐんやく》が課されていた。そのため人を雇っておかなければならないが、実際には物入りのため、定め通り人を雇用しておくのは難しかった。

参勤交代も軍役の一種であり、家臣たちは同行する義務があった。ある藩では藩主の口に入る物すべてを持ち歩いたという。滞在先で出された食事に毒が混ぜられる可能性があるからだ。藩主の身の安全を考えるなら仕方ないが、荷物を運ぶ人足も雇えぬとなれば、自分たちで持ち運ぶしかなく、まさに苦行となった。

加賀藩士の高田善左衛門を例にとって、どのくらい費用がかかったのか見てみよう。善左衛門の知行は二百五十石で、御近習御用役という役についていた。藩主の側に仕え、時には相談事にも乗ると

長州藩13代藩主の参勤交代行列（『温故東の花第四篇 旧諸侯参勤御入府之図』国立国会図書館蔵）

いうお役目で、役料は三百石。これで合計五百五十石となるが、加賀藩では中堅クラスとなる俸禄だ。

　参勤交代には自分を含めて十二人と馬一頭で江戸に向かうことになる。これは幕府が定める軍役に沿ったものであった。ちなみに武士は弓など武具を自ら用意しなければならない。その上、百石以上は鑓持《やりも》ちを雇う必要があった。さらに五百石以上は馬を飼わなくてはならない。馬を飼うということは、馬の世話をする馬の口取りも雇わなくてはならない。幕府の軍役に従えば、甲冑《かっちゅう》持ち、草履《ぞうり》取り、小荷駄《こにだ》などもそろえなければならないが、こうした者は参勤時だけ、雇用した場合も多かった。貨幣制度が浸透し、物価が上がるものの、俸禄は上がらないので、人件費を切り詰めることは一般的であった。

　江戸に行くにあたり、引っ越し費用や旅費、日当が支給された。まず、旅費は知行によって決められており、善左衛門の場合は銀三百八十匁《もんめ》を支給された。今の金額に直すと、七十六万円ほどになる。

この金だが、荷物を運ぶために雇った六人分の人件費で消えた。実は、六人では足りず十四人雇っていたので、残りの八人分は赤字である。さらに自分を含めた十二人と馬の旅費も賄《まかな》わなければならない。

その後、日当にあたる御扶持方代銀並びに乗馬飼料代が百日分として一貫六百八十匁が支給される。こちらは知行ではなく、五百五十石の軍役に合わせて十二人と馬一頭分として計算された。一カ月分が四百六十八匁。これを頭数で割り、六十匁を四千文で換算すると約二千五百文となる。一文を三十円として計算すると約七万五千円となる。住むところはあるとはいえ、決して贅沢《ぜいたく》はできなかった。紀州藩士が残した日記を見ると積極的に自炊をしているが、そうしなければ生活できなかったのだろう。

藩でも金の貸し付けをおこなっていたが、給付ではないので、いつかは返済しなければならない。善左衛門は近習であったため、ほかのお役目だと六年に一度程度の参勤であったのに対して毎回供を申しつけられ、赤字は膨らむ一方であった。

時代小説家の浅田次郎が綴《つづ》った『一路』（中央公論新社）では、参勤交代の強行軍の様子がドラマチックに描かれていて面白い。ＮＨＫでテレビドラマ化もされており、興味のある方はご覧になってほしい。

〈九〉公家のお金事情

公家といえども副業に手を出さずにはいられない

公家《くげ》とは、朝廷に出仕する人々のこと。天皇に仕える人と思えばいい。宮中に上がれる者は堂上家《とうしょうけ》といい、上れない者を地下《じげ》という。江戸時代、一般には公家とは堂上家のことを指し、百三十四家あった。年代によってこの数は変化し、幕末に近づくにつれて増加していく。江戸時代には家名がいったんは断絶したものの、再興された家もあったという。中には十年以上中断していたケースも見られる。

慶長六年（一六〇一）に徳川家康が宮家《みやけ》（天皇が特別に「宮号」を与えた皇族）や公家に対して初めて知行を割り与えて以降、江戸時代を通して幕府から家禄を与えられるようになった。

江戸時代中期であるが、宮家と公家を合わせて百六家あり、家領の総高は四万六千六百石余となっていた。宮家の中で一番多かったのは、京極家《きょうごく》の三千石。幕末の戊辰《ぼしん》戦争で活躍した有栖川宮《ありすがわのみや》、伏見宮《ふしみのみや》、閑院宮《かんいんのみや》はそれぞれ千石ずつ、十三代将軍家定の正室となる篤姫《あつひめ》の養家となった近衛家《このえけ》は二千八百五十二石で、下は蔵米《くらまい》取り（米の現物支給）の三十石という堂上家もあった。幕臣にあてはめると、

飛鳥井家のお家芸「蹴鞠」。徳川の世で生きる公卿にとって貴重な収入源だった（『東海道之内京』国立国会図書館蔵）

町奉行を務めるのが三千石クラスの旗本だから、どんなに名門で天皇に近いといっても、大身の旗本クラスの家領しかなかった。

江戸時代、武士たちは収入が足りなくて、借金をし副業に励んでいたが、公家も例外ではなかった。もっとも天皇や公家たちの行動は、元和元年（一六一五）に出された禁中並公家諸法度《はっと》によって規制されていた。同年に出された武家諸法度の公家版と思えば、わかりやすいだろう。だから、なりふり構わず副業をするわけにもいかなかったが、飛鳥井《あすかい》家は蹴鞠《けまり》、冷泉《れいぜい》家は和歌、坊城《ぼうじょう》家は装束など家業が決められており、この免状を発給する際のお礼を受け取っていた。中には屋敷で賭場を開くような不心得な公家もいたといわれている。

一方、天皇には慶長六年、家康から進献された一万石余の本御料《ごりょう》（「御料」は天皇の所有地）、元和九年に二代将軍秀忠からの一万石弱の新御料、宝永二年（一七〇五）、五代将軍綱吉からの一万石弱の増御料があった。このほか上皇へは天皇とは別に仙洞《せんとう》御料が支給されていた。

〈十〉幕臣のお金事情

収入ではなかった旗本と御家人の違い

旗本と御家人の違いはなんであろうか。古い江戸時代の研究書には、二百石以上を旗本、それ以下を御家人としているものがある。実のところ、旗本と御家人の違いは収入ではなく、将軍に御目見得《おめみえ》、つまり、じかに面会ができるかどうかだった。その境目が石高でいうと、だいたい二百石くらいになるので、このような説が流布《るふ》していた時代があったと考えられる。後述するが、二百石以下という旗本もいたのである。

上限になると、よく知られているように一万石を超えると大名になるため、理論上は九百九十九石までの将軍直属の武士で、将軍に御目見得できる資格がある者が、旗本という身分になる。旗本の中には交代寄合《こうたいよりあい》といって、大名同様参勤交代をおこなう者もおり、名家の武士などが任じられた。江戸史家の小川恭一は、「交通の要衝に大身旗本と陣屋を配置して大坂方への備えとしたのであろう」(『江戸幕府旗本人名辞典』)と述べており、最上《もがみ》・生駒《いこま》といった豊臣政権下で大名であった家も多い。

また、赤穂《あこう》事件で有名な吉良《きら》家は、高家《こうけ》という家柄だが、これも幕臣の中では旗本の務める役職で、吉良のほか、畠山、武田といった足利《あしかが》氏以来の名門が世襲する。

さて、幕臣の収入だが、幕府からもらう俸禄が主な収入源となる。この俸禄のもらい方であるが、大まかにいうと、三つの方法があった。知行でもらう方法と米でもらう方法、それと現金である。知行とは自分で支配する土地のこと。知行で百石といえば、百石の米が取れるという前提の土地をもらうのだが、この百石がすべて領主のものになるわけではない。時代や場所によっても違うが、だいたい四割程度が領主の収入になるので、四十石が実収入といったところだろうか。こうした知行でもらうのは大身と呼ばれる石高の高い旗本が多い。ただし、三河《みかわ》（愛知県）以来の譜代の場合には石高が低くても知行地を持っている場合もあった。

ちなみに領地として人気があったのは、徳川家発祥の地である三河やゆかりの地がある遠江《とおとうみ》（静岡県）や駿河《するが》（静岡県）で、徳川家康生誕の地となる現在の岡崎市付近は、旗本領、幕府領、岡崎藩領が複雑にまじり合ったという。

知行取りよりも下のクラスになると、俸禄を米でもらうことになる。この米は毎月支給されるのではない。春に四分の一、夏に四分の一、冬に四分の二が支給される。公務員のボーナスがかつて年三回だったのは、この名残《なごり》だという説もある。

本来ならば、浅草にあった蔵に本人が俸禄米を受け取りに行かなければならない。しかし、大量の米をもらっても現金に換える必要があり、そもそも現金化は面倒である。そこで、米の換金を代行する商人「札差《ふださし》」の世話になった。札差は代行手数料を請求したが、これだけでは大した儲《もう》けにはならず、幕臣がこれからもらう米を担保に取って高利で金を貸したのである。翌年、場合によっては数年後の俸禄米が借金のかたに入っていることもあり、幕臣たちは札差連中に頭が上がらなくなっていた。

その結果、幕臣たちは内職にいそしむことになる。

武士としての最低限の生活

こうした得た収入で、幕臣はどのような生活をしていたのであろうか。先に百石を知行で支給されている事例を挙げたので、今回は支出を見てみよう。

先述の通り、知行で百石もらっていてもすべてが自分の収入になるわけではない。実際は四十石程度。これは籾《もみ》がついた状態なので、脱穀《だっこく》し精米すると目減りして三十五石になる。実収入は三十五石でもクラスは百石取りなので、それに見合った軍役も果たさなければならない。百石だと外出する時には槍持ちと、草履《ぞうり》取りの中間《ちゅうげん》を連れて行く。槍持ち一人というのは、武士としては最低の軍備だ。そのほかに家中に下働きをする者を男女一人ずつは雇う。

夫婦二人としても使用人がいるので、最低でも六人分の食糧を確保しなければならない。六人が一年で消費する米が九石。重さに直すと千三百五十キログラムぐらいになる。一人当たり二百二十五キログラムの米を食べていたことになる。余談だが、江戸の人たちは大量の白米を少しのおかずで食べていた。よって、ビタミンB_1が不足する脚気《かっけ》が流行し、「江戸患《わずら》い」と呼ばれるほどであったという。現在の日本人は一人当たり一年間に五十キログラムの米を消費するらしいので、いかに江戸の人たちが多くの米を食していたかがわかるだろう。

さて、少しとはいえ、米以外の食料品は購入しなければならない。米と物々交換とはいかず、食用以外の米（二十六石）を現金に換える。一石は一両と換算するのが通例なので、二十六両（三百十二万円）となる。蔬菜《そさい》（野菜）、味噌や塩。煮炊きや暖を取るために必要な薪《まき》を購入するのに、一人当たり年間二両（二十四万円）、六人で十二両（百四十四万円）ぐらいはかかる。さらに、使用人たちには、食住を提供しているとはいえ、給金を支払わなければならない。これが最低でも五両（六十万円）は必要だ。そのほか、夫婦の被服費や慶弔費などもあるので、家計は火の車となる。

したがって、規定通りに人を雇うゆとりはなく、中間一人と下働きの女性一人を雇用するのがせいぜいといったところだろう。槍持ちは外出の時だけ、口入屋《くちいれや》という当時の人材派遣会社からパートタイマーを雇った。

〈十一〉大奥のお金事情

江戸女性あこがれの職業

大奥とは、江戸城にあった徳川家の女性たちが生活していた空間である。江戸時代、ある程度大きな家では男性が仕事をする表と、その家の女性が中心となっている奥とに分かれていた。大きな家では表と奥との間に家主のプライベート空間である中奥が設けられていることもある。

江戸城では、将軍が住んでいた本丸、世子や隠居が暮らしていた西の丸や二の丸と主要なエリアが三カ所あったが、大奥というと、普通は江戸城本丸の居所を指す。この大奥を維持するのに、とても経費がかさんだ。一説には年間二十万両かかったという。現在の円で約二百四十億円となる。といっても、あまりに莫大《ばくだい》な金額で、ピンとこない。人口約五万人の兵庫県赤穂市の令和三年（二〇二一）の一般会計が二百二十億円ほどであり、現代の中クラスの地方自治体一年分の予算に匹敵する。

では、その莫大な金はどのように使われていたのだろうか。たとえば、御台所《みだいどころ》と呼ばれる将軍の正室の着物代が年間五千両（六億円）から七千両（八億四千万円）だったといわれ、十三代将軍徳川家定の生母本寿院には年間約五百両（六千万円）の衣装費が支払われていたようだ。細かい話をすると、大奥の役職で上位の御年寄《おとしより》が履《は》く上草履《うわぞうり》。御台所の居間に行く時には必ず新品を使用することになっていた。一日に何度も御台所の居間に参上する上、御年寄は四〜五人いるから一日に何十、何百足も必要になる。これではいくらお金があっても足りない。

人件費も馬鹿にならない。大奥の職制上、最高位の上臈《じょうろう》御年寄の基本給に当たる切米《きりまい》が五十石、衣装代というべき合力米《ごうりきまい》が六十両。米価は時代によって変化するが、これまでと同じく一両で一石が買えた時を基準として計算すると、合わせて千三百二十万円というから高給取りである。この下の小上臈は切米四十石、合力金が四十両で九百六十万円。御年寄が切米五十石、合力金が六十両で千三百二十万円。さらにその下の御客応対《おきゃくあしらい》が切米二十五石、合力金が四十両で七百八十万円。御中臈《おちゅうろう》は切米二十石、合力金四十両で七百二十万円。御錠口《おじょうぐち》が切米二十石、合力金が三十両で六百万円。表使《おもてづかい》が切米十二石、合力金三十両で五百四万円。御次《おつぎ》が切米八石、合力金二十五両で三百九十六万円。御切《おきっ》手《て》・御伽坊主《おとぎぼうず》・呉服之間は切米が八石、合力金二十両で三百三十六万円。御広座敷《おひろざしき》・御三之間《おさんのま》が五石、合力米十五両で二百四十万円。御中居《おなかい》、御火之番《おひのばん》が切米五石、合力金七両で百四十四万円。御使番《おつかいばん》で切米四石、合力金五両で百八万円。一番下っ端の御半下《おはした》（雑用係）が切米四石、合力金二両で七十二万円であった。一番下の御半下は百万に届かないが、住む所はただで、自分の家来を雇うための扶持《ふち》、薪《まき》や炭、湯之木（風呂の燃料）、油代のほか、五菜と呼ばれる下男を雇うための五菜銀という手当も支給される。

上臈御年寄の場合、自分が食べる分と自室の使用人の米が十人扶持、薪二十束、炭十五俵、湯之木二十束などである。しかも、将軍の子供を産めば別格扱いで、第十代将軍家治《いえはる》の生母お幸には合力金三千両（三億六千万円）、米五百俵（六千万円）与えられたという。さらに、江戸の町人地に土地も与えられ、そこを町人に貸して家賃収入を得る許可も与えられていた。

また、今でいう年金制度も充実していた。大奥に定年はなく、健康であればいくつになっても勤めることができたが、仕えている主が亡くなった時が奉公をやめるきっかけとなった。この時点で三十年以上勤務していれば、髪を下ろして比丘尼《びくに》となり、隠居することができた。比丘尼には勤めていた時とほぼ同じ手当が支給された上、住まいも与えられたので生活に困ることはなかった。ただし、主君の死後、仕えていた者すべてが退職するのではなく本人の意向を尊重するなど、約三分の一は継続して働いたという。

一方、病気など自己都合で大奥から離れなくてはいけなくなった場合には、勤続三十年以上であれば、切米か合力金のどちらか多い方を支給されることになっていた。大奥に限らず武家の奥奉公の正式な年限は十一年であったが、その前に辞めてしまう者も大勢いた。武家奉公に上がるということは、そこで礼儀作法をきちんと仕込まれ、化粧や着こなしもしっかり学ぶため、良縁に恵まれると人気が高く、江戸の町人や近郊農家の娘も伝手《つて》をたどり、御家人の養女となって奉公に上がった。主人を慰《なぐさ》めるために三味線《しゃみせん》や踊りなどの芸事に長《た》けていることが採用条件になっていたから、女子は寺子屋通いに加え、裁縫に芸事と、塾に習い事に駆け回る現在の子供と変わらない忙しい生活を送っていたようだ。こうした芸事を教えるのは、かつて武家屋敷に奉公していた女性が多かった。

大奥で働く女中と呼ばれる女性たちは約千人、さらに彼女たちは自分の身の回りの世話をする女性を自分の給与で雇っていた。大奥三千人といわれるが、又者も含めるとあながち誇張でもなかったかもしれない。このように大金のかかる大奥。財政の苦しくなった時、幕府がここをなんとかしたいと思うのは無理もない。

質素堅実をモットーに八代将軍の位についた吉宗は、「大奥にこんなに大勢の女性はいらない」と思い切ったリストラに乗り出した。その後、寛政の改革をおこなった松平定信や天保の改革を実行した水野忠邦も、享保の改革を見習って、大奥の経費削減に乗り出す。松平定信は前述した上草履を一日一足にするよう申し渡したところ、老女たちはかたくなに拒《こば》み、将軍に訴える事態にまで発展。大奥からの激しい抵抗にあいながらも経費を三分の一まで削減したものの、奥女中から不満が噴出し、ついに老中を辞めざるを得なくなってしまった。大奥は定信がいなくなるともとに戻ってしまい、忠邦も大奥に手を突っ込んだことが原因で失脚している。

だが、「ない袖は振れない」ところまで財政が悪化した幕末の嘉永《かえい》七年（一八五四）。老中阿部正弘《あべまさひろ》が年金を受け取れる資格を三十年以上から四十年以上に引き上げ、三十年以上の者の退職金を二年分に改めた。

〈十二〉商人のお金事情

百両儲けるためには千両の売り上げが必要

商人と一口にいっても、江戸時代には様々な規模の商人たちがいた。自分一人で商品を担いで売り歩く棒手振《ぼてふ》りと呼ばれる零細商人については、次項で取り上げる。また、大名たちに金を貸すような大商人も後述する。

ここでは、自分の妻と子ども、それに親戚、店員を四〜五人使い、下働きをする女性がいる店を取り上げてみよう。江戸でいうと、大通りではないにしろ表通りに面した場所に店を構えているような商人となる。

一年間の食費として、まず主食の米を十四石四斗《と》ほど食べる。一斗は一石の十分の一なので、百七十二万八千円かかった。前述の通り、江戸時代、大量の米を味噌汁や漬物といった、わずかなおかずで食べていた。味噌汁を作るのに欠かせない味噌が一両二分で十八万円。この頃、よく使われた醬油《しょうゆ》が二両一分で、二十七万円。大根漬けが一両三分で二十一万円、おかず代が合わせて十四〜十五両で、百六十八〜百八十万円ぐらい。食費だけでも年間四百万円ぐらいかかる計算となる。

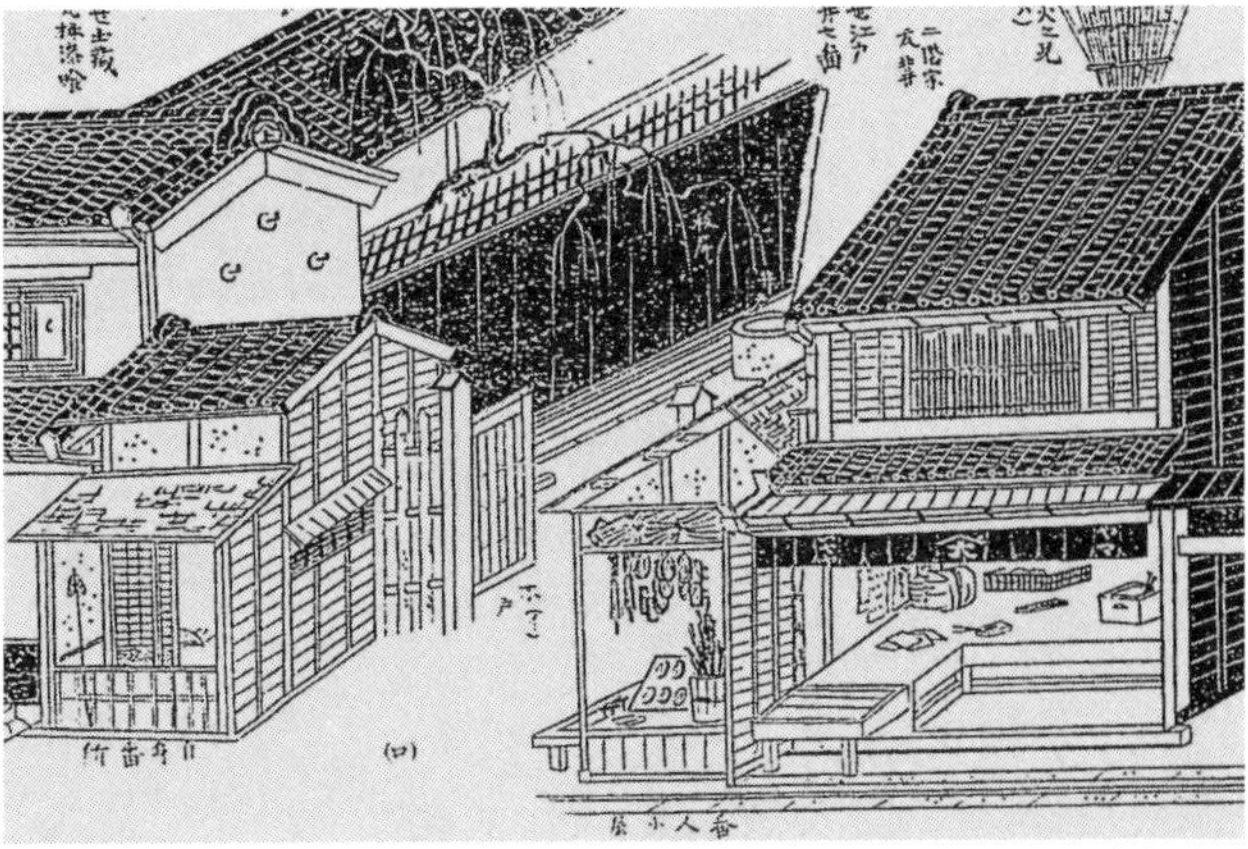

表通りに面した二階建ての商家。商家の軒先に番人小屋、隣の家屋には自身番所が見える（『類聚近世風俗志』国立国会図書館蔵）

年間の雑費としては、照明用の油代が三両で三十六万円、燃料となる薪が四両二分で五十四万円、炭が三両二分で四十二万円、衣服費が十七〜十八両で二百四万〜二百十六万円となっているから、家族分だけではなく、使用人にはお仕着《しきせ》と呼ばれる衣服を支給していたのであろう。

店自体を借りる場合もあったが、土地を借りて自分で店を建てた場合、土地の借地代が二十二〜二十三両で、二百六十四万〜二百七十六万円、家は台風などがなくても使用していれば傷《いた》むこともあるので、その修理代として六〜七両で、七十二万〜八十四万円くらいかかる。

それに使用人の給金が八〜九両で、九十六万〜百八万円計上されている。一人当たりに直すと、二両（二十四万円）にもならないほど少ないが、この規模の店でも奉公人は住み込みで、衣食住を店で保証していた。

以上、年間の出費は百両、つまり千二百万円ほどになる。

〈十三〉庶民のお金事情

裏店の住人たちの生活

百万都市であった江戸。その約半数が武士であったとされている。江戸には幕臣のほかにも、参勤交代で各藩の武士たちがやって来ていたからだ。残りの大半が落語の世界に出てくるような裏店《うらだな》と呼ばれる裏長屋に住んでいた庶民であった。

長屋に住んでいるのは、現代にたとえると自営業者となる。お店者《たなもの》と呼ばれる商家の従業員は基本的に店に住み込みだからだ。自営業といえば聞こえはいいが、裏長屋に住んでいるのは、人を雇わず一人で仕事をするような職人や行商人が多かった。

では、その庶民たちの懐《ふところぐ》具合《あい》はどうだったのだろうか。

職人の中でも、一番の花形《はながた》は大工。江戸は火事が多く、焼失した建物を建て直すために大工をはじめ、壁を塗る左官、製材を担当する木挽《こび》き、足場を組む鳶《とび》といった建設関係の職人が多く、仕事もあった。

大工の手間賃は弘化《こうか》年間（一八四四～四八）頃の上方《かみがた》で、一日銀四匁二分、これとは別に食事代として一匁二分をもらい、合計一日の収入が五匁四分となる。今の金額に直すと一万五千円くらいだろうか。一年を三百五十四日として（当時は一カ月が二十九日もしくは三十日。二十九・五日を十二カ月で計算）、雨などで働けない時なども考慮して年間六十日休むとすると、一年間で銀一貫八十七匁（約二百十七万円）になる計算だ。

一方、支出は夫婦に子ども一人と仮定して、家賃や家具、衣服、交際費などを含めて、およそ一貫十三匁二分費やし、手元に七十三匁六分（約十五万円）残るくらいになる。

当時の庶民の一日の稼ぎを三百文（九千円）程度とすると、大工は高収入であった。なお、火事が多発したり、延焼した範囲が広い火事があったりした場合は手間賃が跳《は》ね上がり、余りの高騰ぶりに、幕府が規制することもあった。また、急ぎの仕事で、朝早く出たり、残業したりする場合にはその分の上乗せがあり、この試算よりも多く稼げた年もあっただろう。

では、行商人の方はどうだったか。

朝早く、天秤棒《てんびんぼう》と籠《かご》を持って家を出る。六〜七百文（一万八千円から二万一千円）で、かぶ・大根・れんこん・芋《いも》を仕入れ、荷物を担いで声を張り上げて町中を売り歩く。日が西に傾く頃にわずかな売れ残りを持って家に帰ると、妻が子どもと一緒に昼寝をしている。明日の仕入れ代を差し引いて、家賃を竹筒の貯金箱に入れると妻が起きて来て、米代を要求してきた。二百文（六千円）渡すと、味噌も醤油もないとのことなので、さらに五十文（千五百円）出した。そうこうしているうちに子どもも

天秤棒を担いだ初鰹売り（『守貞漫稿』国立国会図書館蔵）

起きて来て、おやつ代をねだるので、十三文（三百九十円）を与えた。残りは百文（三千円）か二百文で、これで酒を飲もうか、それとも稼ぎに行けない日のために備えるべきか思案のしどころである。

この行商人は自分で資金を持っていたが、中には仕入れ代を持たない者もいた。そういった人を対象とした金貸しが江戸にはいた。朝、烏《からす》が「カア」と鳴いてから、夕方、再び鳴くまでの間に百文借りて二文（六十円）もしくは三文の利子がつく。別名、烏金ともいい、七百文を借りて一日で一貫二百文（六千円）を売り上げるから、利子をつけて返しても手元に、五百文（一万五千円）以上は残る計算となるので、これで生活することができたという。

「それにしても、この行商人の妻は怠惰《たいだ》な生活をしているなあ」と思う人もいるかもしれない。実際、江戸の庶民の妻はこんなものであったようだ。家事といっても住んでいる所は、六畳《ろくじょう》程度の空間だ。衣服も現在のように大量にあるわけではなく、持っていてもせいぜい二、三着。炊事も一日一回ご飯を炊いて、それを三回に分けて食べる。当時は、おかずといっても漬物や納豆に豆腐などが主で、あとは行商人が売りに来る物を買えば事足りてしまう。少し奮発して魚を買うにしても、行商人が用途に合わせて魚をさばいてくれる。頑張ってするほどの家事がなかったのである。

それでも、妻の態度がでかいと気になる方がいらっしゃるに相違ない。その真相は江戸の人口構成に理由がある。享保八年（一七二三）の段階で男性約三十万人に対し、女性は約二十一万人。幕末の天《てん》保《ぽう》十二年（一八四一）でも、男性約三十万人に対し、女性は二十五万人と女性の数は増えているが、やはり男性が多い。なお、この統計に武士の数は含まれていない。江戸にいる武士の数は、各藩の軍事機密だったからだ。

女性が少ないということは、男性が結婚できる確率は低かった。そのため、家庭で男性が一方的に威《い》張《ば》っていては女性が出て行ってしまう可能性もあったのだ。中には、自分は芝居見物や物《もの》見《み》遊《ゆ》山《さん》に出かけ、仕事から帰って来た夫をいたわらずに水汲《みずく》みなどの重労働をさせる妻もいたという。

コラム

隠居料　隠居後の遊びが財政を悪化させる

今日、老後は年金だけでは足らず、別途二千万円が必要になるといわれている。では、江戸時代の老後はどうだったのだろうか。

江戸時代に年金制度はなく、現金を貯蓄する習慣もなかった。武家の場合、家督を継いだ当主が、隠居した先代に対して隠居料という老後の生活費を払っていた。たとえば、「赤穂四十七士」で有名な堀部《ほりべ》安兵衛《やすべえ》の岳父の弥兵衛《やへえ》は安兵衛から隠居料として二十石（二百四十万円）をもらっていた。慎《つつ》ましい生活を送れば、二十石は十分な金額だったろう。

かたや、大和郡《やまとこおり》山《やま》藩主だった柳沢信鴻《やなぎさわのぶとき》の場合は違った。藩主時代は外出もままならない。その反動からか、隠居したとたん、供を連れての江戸散策に興じた。散策先は浅草寺などの名所。名所だけならばまだよかったが、芝居小屋に足を踏み入れてしまった。歌舞伎鑑賞は観劇に出かける衣装から弁当代をはじめ、身分の高い人にとっては金のかかる遊びであった。信鴻は観劇に熱中したあげく藩財政を圧迫させる放蕩《ほうとう》隠居になった。

第二章　有名人の給与明細

〈一〉長谷川平蔵の給与明細

財テクで出世を逃す

池波正太郎の小説『鬼平犯科帳』の主人公として人気が高い長谷川平蔵《はせがわへいぞう》は、実在の人物である。戦国乱世、長谷川家は今川家に仕え、今川義元《よしもと》の死後、徳川家康に仕えた。純然たる三河譜代《ふだい》ではないものの、名門といえるだろう。もっとも平蔵の家は分家である。旗本長谷川宣雄《のぶお》の子として延享《えんきょう》三年（一七四六）に生まれた。知行地は上総《かずさ》国武射《むさ》・山辺《やまべ》郡（千葉県山武《さんむ》市・東金《とうがね》市）にあった。開墾が進み、五百石（六千万円）以上の収入があり、家計は豊かだった。

父親の宣雄は優秀な人で、御先手《おさきて》組弓頭《ぐみゆみがしら》を務めた。この役職は千五百石の旗本がつくことになっていた。必要経費は役についた者が出さなければならない。経費がかかるような役職は、それなりの収入がある旗本が務めることになっていたが、千五百石の旗本がその役に相応《ふさわ》しい者ばかりとは限らない。そこで、八代将軍吉宗は役職にうってつけの人材を登用するため、役を務める時だけ規定の石高に足りない分を加増する足高《たしだか》という制度を設けた。宣雄はこの恩恵にあずかった。御先手組弓頭というお役目は、火付盗賊改《ひつけとうぞくあらため》も兼務することがあり、明和《めいわ》八年（一七七一）、宣雄は同役を拝命した。

明和九年二月二十九日に起きた目黒行人坂《ぎょうにんざか》の大円寺の出火で、寺に放火した犯人を配下の者が捕《と》らえた。宣雄は功績により、京都西町奉行に栄転した。ここをうまく務められて江戸に戻れば、町奉行や勘定奉行に抜擢《ばってき》されることもある出世ポストであったが、一年後の安永《あんえい》二年（一七七三）六月二十二日、急逝《きゅうせい》した。

息子の平蔵は長谷川家の家督を継ぎ、半年後の安永三年に西丸御書院番入りする。役職につく前には小普請組《こぶしんぐみ》にいた。小普請組は三千石以下の無役の旗本や御家人が入る役職。無役のため、荒れた生活を送る者もいたといい、平蔵の場合は荒《すさ》んだ生活を送ったことで市井《しせい》を知り、裏社会を覗《のぞ》いたことで火付盗賊改（火盗改）としての仕事に役に立ったらしい。

その後、西丸御進物番《ごしんもつばん》、西丸御徒頭《おかちがしら》ののち、天明六年（一七八六）七月に父親と同じ御先手組弓頭に就任、翌天明七年九月十九日に火盗改となる。いったん解任されるが、再任されてからは寛政《かんせい》七年（一七九五）に死去する直前まで火盗改であり続けた。火盗改とは、文字通り放火犯や強盗といった凶悪犯を取り締まるために置かれた役。当時、百万都市江戸の治安を南北二人の町奉行と、その下で働く与力は南北合わせて五十騎、同心は二百四十人で、とても手が足りなかった。町方の手が回らないところを補うために火盗改は設置され、文久《ぶんきゅう》二年（一八六二）に独立した役職となるまでは、御先手組弓頭と鉄砲頭が兼務しており、任命されると四十人扶持《ぶち》（七十二石＝約九百万円）が支給された。

長谷川平蔵が、後世になって時代小説や時代劇の主人公になるほど江戸の人々に愛されたのは、気

復元された人足寄場の灯台（東京都中央区）

前のよさがあった。たとえば、夜中に放火犯を町人が平蔵のもとに連れて来たとする。その時に平蔵は町人にそばをおごる。骨を折った町人に対する平蔵の心づかいである。費用は平蔵の懐《ふところ》から出た。食事をご馳走《ちそう》してくれる役人などいなかったから町人は感動したことだろう。鬼のように怖《こわ》い人物ではなく、市井《しせい》に寄り添った人物であったようだ。

江戸で犯罪が多いのは生活に困窮して地方から江戸に流入したものの、ろくな仕事につけず、犯罪に走る人が多いのではないかと考えた平蔵は、こうした人たちの授産・更生施設として人足寄場《にんそくよせば》の設置を時の老中松平定信《まつだいらさだのぶ》に建白し、その後、自ら施設の運営に当たることになった。江戸湾に浮かぶ石川島《いしかわじま》に敷地面積一万六千三十坪、当初は百五十人程度、多い時には六百人近くも収容した人足寄場が寛政二年に開場。ここで大工、鍛冶《かじ》、紙漉《かみす》き、炭焼き、炭団《たどん》作りなどの作業をおこない、出所する時には作業で得た金が渡された。

この人足寄場の運営だが、初年度に金五百両（六千万円）、以後、毎年三百両（三千六百万円）が経費として支給されている。さらにこれとは別に初年度米五百俵、次年度以降は三百俵が平蔵に支給されたが、これではとても足りなかった。赤字分を平蔵が自腹で補うのだが、焼け石に水であった。平蔵は金策に走り回ることになる。

窮した平蔵は、相場に手を出した。武士が相場に手を出すことは一種の禁じ手であった。江戸時代、貨幣は金、銀、銭が使われていた。金は武士、銀は商人、銭は庶民が使うことになっていた。幕府は、この三つの貨幣の交換レートは決められていたものの、実状は日々変動していた。このシステムをうまく活用できれば、金を稼ぐことができる。これに平蔵は目をつけた。当時、一両は銭六千二百文であった。公式なレートは銭四千文であったら大分下がっていたことになる。銭相場を上げたい幕府と、なんとしても金を手に入れたい平蔵の利害が一致、幕府から三千両を借り受け、これで銭を買い占めた。銭が急激に減ったため、一両が二日で銭五千三百文になるほど高騰したという。ここで銭を売り払い、一両につき九百文の利を上げたのだ。こうして、運用資金を捻出《ねんしゅつ》した平蔵であったが、武士が相場に手を出して利益を上げていることや、町人にそばをおごって人気取りをしているという面ばかりが目につき、彼を嫌う人も多かった。

江戸の町人たちは平蔵を町奉行になることを望んでいたともいう。だが、人足寄場を造らせた松平定信は能力は評価しているものの、平蔵を毛嫌いしていた。時の老中に嫌われたため、平蔵は火盗改のまま終わることになった。

〈二〉徳川光圀の給与明細

生まれてこないはずの子が御三家当主へ就任

テレビ時代劇で大人気だった水戸黄門《みとこうもん》こと徳川光圀《とくがわみつくに》。この人の人生は、ドラマのようにドラマチックであった。父は初代将軍家康の十一男の頼房《よりふさ》で、水戸二十八万石（米一石＝一両。四公六民で計算すると約百三十億円）の初代藩主。頼房に正室はいなかったものの、勝子という側室がいた。ところが、頼房は光圀の母である久子と関係をもち、その後、久子の懐妊がわかると堕胎《だたい》するように命じる。勝子に遠慮したとも、久子の母が怒ったからともいわれている。頼房腹心の三木之次《みきゆきつぐ》が妊娠中の久子を自分の屋敷に引き取り、寛永五年（一六二八）六月に光圀が誕生した。実は、光圀の兄である頼重《よりしげ》も似たような経緯で生まれている。

寛永十一年、光圀は江戸城中で三代将軍家光《いえみつ》に御目見得《おめみえ》し、正式に水戸藩の嗣子《しし》となった。頼重という兄を差し置いて光圀が嗣子となったのは、頼重が疱瘡《ほうそう》に罹《かか》り、なかなか回復しなかったからだという説がある。長男が嗣子になるのが一般的で、次男以降はどこかの養子にならなければ、一生を父や跡を継いだ兄の扶養家族として過ごすことになる。兄の頼重は、寛永十六年に下総国《しもうさ》下館《しもだて》（茨城県筑西市《ちくせい》）に五万石で入り、寛永十九年に讃岐《さぬき》国高松（香川県高松市）に十二万石で移封となった。藩収二十四億円から五十七億六千万円への増収は、出世に見える。

それでも、本来、頼重が相続するはずであった水戸二十八万石に比べると半分以下である。光圀はこのことを気に病《や》み、十八歳の時に読んだ中国の歴史書『史記』の「伯夷伝《はくいでん》」に出てきた兄弟の話に感動し、兄の子を自分の後継ぎにすると決意した。と同時に『大日本史』という歴史書を作るきっかけとなった。

寛文《かんぶん》元年（一六六一）、父の死去に伴い、第二代の水戸藩主となる。水戸藩の石高は二十八万石だが、弟の頼元《よりもと》に二万石、頼高に同じく二万石。頼雄に一万石。さらに残りの兄弟たち五人にそれぞれ千三百石を分地している。五人は頼房から各人千七百石を遺領として分け与えられていたから、光圀の分地を合わせて一人頭計三千石となった。これらの石高を引くと、光圀が相続したのは二十一万五千石となる。実は、頼房の治政の後半から前半にかけて年貢《ねんぐ》は八公二民と高かったので、これで計算すると、現在の金額で二百億円強となり、この収入で陪臣《ばいしん》（家臣の家臣）を含めて約五百人からなる家臣団を養っていたのである。以後、年貢率は下がり、四割分の歳入を超えることはなくなったが、現状は農家が疲弊してしまい、それ以上の年貢を取り立てることが難しかったからだともいわれる。

元禄《げんろく》三年（一六九〇）、兄の息子で養子の綱條《つなえだ》に家督を譲り、西山荘《せいざんそう》（茨城県常陸《ひたち》太田市）に隠棲《いんせい》して余生を過ごした。

〈三〉大岡越前の給与明細

出世の第一歩

古くは加藤剛、最近では東山紀之が扮《ふん》して人気を博している名奉行である。名奉行として広く知られるが、後世に伝えられているお裁きのほとんどは、中国から伝わった話や別の奉行のものであった。しかしながら、大岡越前《おおおかえちぜん》が無能だったかといえば、そうではない。大岡越前は裁判官としてよりも行政官として非常に有能であり、八代将軍の徳川吉宗が思い描く施策を実行できたのは、彼を抜擢《ばってき》したからに相違ない。

大岡家は、徳川家康祖父の松平清康《きよやす》から仕えるいわば譜代で、代々「忠」という字を使うのも、家康の父である広忠《ひろただ》から「忠」の字をいただいたからだという。

大岡越前こと大岡忠相《ただすけ》は、延宝《えんぽう》五年（一六七七）に江戸で生まれた。実父は大岡家の分家で御先手《おさきて》鉄砲頭《てっぽうがしら》などを務めた大岡忠高《ただたか》。忠相は四男であったので、後継ぎが亡くなった一族に養子に入る。忠相の実家は二千七百石、養家は千九百二十石。実家と同じように大番や書院番などいわゆる番方《ばんかた》（警護・警備職）と呼ばれる役職を務めるような家柄であった。

二十四歳で遺跡千九百二十石を継ぎ、大岡家の当主となった。当初は無役であったが、二十六歳の時に江戸城での警護や儀式の時に給仕などを務める書院番に就任。二十八歳で将軍の警護を務める御徒《おかち》たちを統括する徒頭《かちがしら》になる。ここまでは、千石級の旗本が務める役職だが、三十一歳で就任した使番《つかいばん》や三十二歳でついた目付《めつけ》は、有能な者しかなれない。つまり、忠相は将来有望であると見込まれたわけだ。

江戸で最も有名な町奉行の収入

三十六歳になり、山田奉行に就任。山田奉行は遠国《おんごく》奉行と呼ばれる役職の一つで、一人が江戸、一人が伊勢にある奉行所で勤務、一年交代で仕事をする。伊勢神宮の警護や伊勢・志摩の支配や訴訟などを取り扱うのがおもな任務である。忠相が山田奉行時代、神宮領と紀州藩領の土地争いの裁判で公正な裁きをし、当時の紀州藩主吉宗に好感をもたれたというエピソードが伝えられるが、後世の作り話のようだ。

四十歳の時に普請《ふしん》奉行として江戸に戻る。これは二階級ほど上の役職で、明らかな出世栄転だった。江戸城の土木工事や武家の屋敷割りなどを担当する職だが、この役職を通じて忠相は江戸の町の事情に詳《くわ》しくなった。

享保《きょうほう》元年（一七一六）、八代将軍に吉宗が就任。翌年、忠相は四十一歳で南町奉行に抜擢される。町

罪人が裁きを受ける奉行所の庭には白い砂利が敷かれており、「白洲」と呼ばれた（『徳川幕府刑事図譜』／国立国会図書館蔵）

奉行の役高は三千石（三億六千万円）。家禄三千石の旗本が務める役職なので、本来であれば、忠相は務めることができない。それでも忠相が町奉行になったのは、彼の能力を見込まれてのことだろう。享保八年に足高《たしだか》の制ができ、千八十石が家禄にプラスされて都合三千石となった。

なぜ、役高が決められているのかというと、役職に必要な経費は基本自分持ちであったからだ。しかし、三千石の旗本の中に町奉行にふさわしいと思われる者がいない可能性もある一方、持ち出しとなれば石高の足りない旗本を登用すると、仕事に支障をきたすことも考えられる。吉宗は忠相のような有能な幕臣を抜擢すべく、その役職について いる時だけ足りない分を支給する足高の制を創設したといわれる。

町奉行は一カ月当番を務めると、次の月は当番の時に受けつけた訴訟や書類整理をする。忠相が就任した当初は南町奉行所、北町奉行所のほかに中町《なかまち》奉行所があり、三奉行所制だったが、中町奉行の坪内定鑑《つぼうちさだかね》が病気になって免職されると、中町奉行所も廃止された。

忠相は、歴代の町奉行の中でも若くして就任している。多くは五十代後半から六十代で町奉行に就任するが、四十になり立てである。その若さを発揮して享保三年に町火消《まちびけし》組合の結成に尽力するなどの仕事ぶりが認められ、享保八年に時服《じふく》と小判が吉宗から与えられた。翌年には兼務していた地方御用の精勤さを評価されて時服をもらった。さらに享保十年には二千石加増され三千九百二十石となった。石高が三千石を超えたので、足高分の千八十石は廃された。

前例のない大出世

元文《げんぶん》元年（一七三六）、六十歳の忠相は、町奉行から寺社奉行になる。同時に、二千石加増された。本来、寺社奉行は一万石以上の大名が務める役職である。加増されても五千九百二十石にしかならず、四百八十石の足高を受けることになった。こうして忠相は旗本ながらも大名職である寺社奉行に就任した。寺社奉行は、四人で務め、全国の寺社や僧侶、神職、修験者《しゅげんじゃ》、陰陽師《おんみょうじ》、虚無僧《こむそう》などの宗教者、寺社領の農民や町人、囲碁《いご》、将棋《しょうぎ》の棋士《きし》、連歌師などを支配した。

寺社奉行は、大名職である奏者番《そうじゃばん》の中から選ばれる慣例になっていた。奏者番は若い譜代大名のいわば出世の第一歩となる役職で、江戸城で大名や旗本が将軍に御目見得する時の進行役を務める。ちなみに忠相は寺社奉行に就任したが、この時点で奏者番には就いていない。およそ十年後、七十歳を過ぎて奏者番になったが、これは就任最高齢記録だろう。

若い大名たちの中に、六十歳の旗本が放り込まれた形となった。そのため、任命直後に江戸城に上がったところ、同役連中から「ここは奏者番の部屋である」と控室から締め出しを食らっている。このように当初は同僚からいじめに近い扱いを受けた。しかし、出しゃばらず、求められた時に適切なアドバイスをし続けたことによって尊敬を集めるようになったという。町奉行の時の経験からか、職務に対する克明《こくめい》な日記をつけており、同じような事件があった時の対処方法を的確に助言できたようだ。

なお、吉宗が忠相に寄せる信頼は絶大で、四人いる寺社奉行のうち、一人が亡くなって欠員が出たが、吉宗は「大岡がいれば問題ない」と欠員を補充していない。

延享二年（一七四五）、吉宗は将軍の座を長男に譲る。九代将軍家重《いえしげ》の誕生である。寛延《かんえん》元年（一七四八）、忠相は奏者番に任命されると同時に一万石に加増されて、大名となった。奏者番は先述した通り、出世の糸口になる役であったが、忠相は年齢からいってもこれ以上の昇進はなく、栄誉《えいよ》のような任命であったが、これによって譜代大名になった。一万石の大名の収入は十二億円。養家の年収がおよそ二億円と考えれば、六倍である。忠相は引き続き寺社奉行としての仕事も果たしながら、奏者番の仕事もこなした。

忠相が養子に入った大岡家の領地は、もともとの領地が相模《さがみ》国大曲村（神奈川県寒川《さむかわ》町）だったが、その後、武蔵国《むさし》（埼玉県・東京都・神奈川県）、上総国《かずさ》（千葉県）、上野国《こうずけ》（群馬県）、下野国《しもつけ》（栃木県）と五カ国に分散していた。実は、加増される時に自領の近くの土地をもらえないことも多く、大名にしても旗本にしても領地が分散することはままあった。もちろん、領地が分散していると支配が大変である。そこで大名になったタイミングで、忠相は領地の統合を願い出た。紆余《うよ》曲折《きよくせつ》を経《へ》て、相模国、上総国、三河国、下総国の四カ国になった。なお、居所は三河国《みかわ》西大平《にしおおひら》（愛知県岡崎市）と定められ、ここに藩の政治をおこなうため陣屋が置かれたが、忠相はこの陣屋を訪れたことがなかったという。

大名になった忠相の最大の仕事は寛延四年六月二十日に亡くなった吉宗の葬儀を取り仕切ることであった。閏《うるう》六月十日に葬儀を無事終えた後、十一月二日に辞職の意向を示すと寺社奉行については認められたものの、奏者番は承認されなかった。翌月二日、忠相没。

忠相の死後も、家領の統合運動は引き続きおこなわれ、明治二年（一八六九）の時点で、上総国、相模国、三河国で一万三千三百三十一石であった。

〈四〉 宮本武蔵の給与明細

晩年まで正式な仕官のなかった人生

歴史をテーマにした大衆小説で一世を風靡《ふうび》した吉川英治の主人公として人気が高いので、宮本武蔵は空想上の人物と思われている人もいるかもしれないが、実在の人物である。ただし、資料が少ないため、実像はよくわかっていない。

いつどこで生まれたのかも諸説あるが、自著の兵法書『五輪書《ごりんのしょ》』に従えば、天正十二年（一五八四）、播磨国《はりまのくに》（兵庫県）で生まれ、新免無二《しんめんむに》という剣豪の養子になったとされているが、異説もある。慶長五年（一六〇〇）の関ヶ原の戦いでは、養父が黒田家に仕えていたことがわかっており、黒田家の手勢として戦ったのかもしれない。

武蔵は十三歳から約六十回の果たし合いをしている。そのうち慶長十七年に巌流島《がんりゅうじま》（山口県下関市）でおこなわれたのが、佐々木小次郎との試合である。その三年後の大坂の陣では徳川方の水野勝成《みずのかつなり》の客将として参陣し、のちに養子とする水野家家臣の中川三木之助とともに侍大将として活躍した。くわしい経緯はわかっていないが、元和《げんな》三年（一六一七）に姫路藩主となった本多忠政《ほんだただまさ》について姫路に入ったようだ。元和八年に忠政が亡くなり、弟の忠刻《ただとき》が跡を継ぐ。忠刻は武蔵を家臣として抱えようとしたが、これを固辞し、代わりに養子の造酒之助《みきのすけ》（前述の中川三木之助）が側小姓七百石として仕えることになり、武蔵はこの後見を務めているから、武蔵の分を含めた七百石だったのだろう。四公六民で計算すると約三千万円と、いきなり高額所得者となった。しかし、寛永三年（一六二六）に忠刻が亡くなると、造酒之助は主君の墓前で殉死《じゅんし》した。

その後、武蔵は甥《おい》の伊織《いおり》を新たに養子にしている。姫路藩隣藩の明石《あかし》藩主の小笠原忠真《おがさわらただざね》に声をかけられた際、自分の代わりに養子の伊織を出仕させている。伊織は寛永三年に十五歳で忠真の近習《きんじゅう》となり、忠真が寛永九年（一六三二）に小倉《こくら》に転封《てんぽう》となった時には、執政として二千五百石で従う。さらに伊織は島原の乱で軍功を立て、四千石に加増された。やはり四公六民で計算すると、およそ二億円になる。

武蔵も島原の乱に参陣したが、一揆軍の投石によって負傷したと伝わっている。後年、肥後熊本藩主の細川忠利《ほそかわただとし》と親交があり、人生で初めて正式に出仕。寛永十七年八月、十七人扶持合力米《ふちごうりきまい》十八石（二百十六万円）であったのが、すぐに十七人扶持合力米三百石（三千六百万円）に改められた。一介《いっかい》の浪人からすると大出世であるが、ライバルとして物語等で語られる幕府剣術指南役の柳生《やぎゅう》家は大名格であったから、武蔵の本音《ほんね》はいかばかりだろうか。

〈五〉大石内蔵助の給与明細

討ち入り金をポケットマネーから出した？

大石内蔵助《おおいしくらのすけ》の家は代々内蔵助を通称にしており、「忠臣蔵」で有名な内蔵助は諱《いみな》（正式な名前）を良雄《よしお》という。赤穂《あこう》浅野家の家老を代々務める大石家の長男として万治二年（一六五九）に生まれた。父が若くして赴任先の大坂で亡くなったため、内蔵助が祖父の跡を継いで家老になった。浅野家の家老は四人おり、大石家が筆頭で千五百石、四公六民で計算すると七千二百万円となる。次席は藤井又左衛門で、江戸詰めだった。八百石だったから同じように計算すると三千八百四十万円。同じく江戸詰めの安井彦右衛門は六百五十石で三千百二十万円。「忠臣蔵」で悪役の斧九太夫《おのくだゆう》のモデルとされる大野九郎兵衛《くろべえ》は、内蔵助と同じ国元家老で、六百五十石取りであった。

元禄十四年（一七〇一）、藩主浅野内匠頭《たくみのかみ》が江戸城内で吉良上野介《きらこうずけのすけ》を斬りつけ、即日切腹。弟の大学に跡目を継がせて御家の再興を幕府へ願い出るがかなわず、浅野家は断絶となった。

御家取り潰しが決まると、筆頭家老の内蔵助は、藩札の処分、城の明け渡しなどの事務処理を手際《てぎわ》よくこなしていく。八年前の元禄六年、備中松山藩主の水谷家が、後継ぎがなく改易となった時、次の藩主が入るまでの間、内蔵助が城を預かっており、この時の経験が生きたのかもしれない。大名家が改易となった時の手続きを内蔵助は熟知していたからこそ、大した混乱もなく後始末がおこなえたのではないだろうか。

内蔵助は元禄十四年分の知行米や切米《きりまい》など給米（給金）をかき集めた。その額、一万九千六百十九両（二十三億五千四百二十八万円）。これを藩士たちに退職金代わりに配付したが、内蔵助自身は受け取らなかった。

さて、松の廊下の事件から吉良家討ち入りまでは、二年弱あった。浅野家がなくなってしまったのだから、内蔵助をはじめ、討ち入りに参加したメンバーは、浪人で収入がなかった。その間の生活費などは、どうしたのだろうか。

実は、城にあった船や鑓《やり》などの武具、また内匠頭の妻・瑤泉院《ようぜんいん》が結婚するにあたり持参した化粧料（持参金）の一部を内蔵助は預かっていた。武具を売り払い、瑤泉院の化粧料と合わせて金六百九十両二朱、銀四十六匁九分五厘。現在の円に換算すると、約八千二百九十二万円になった。その中から旅費や通信費を支払い、弓矢や長刀《なぎなた》、たいまつなど討ち入りに必要な道具を合計約百三十二万円分買い求めると、最終的な支出は六百九十七両一分二朱となり、赤字だった。足りない七両一分（八十七万円）は、内蔵助が立て替えたという。もちろん、持ち出しである。

〈六〉 市川團十郎の給与明細

年に百両以上稼げれば大スター

江戸時代の人気者として吉原の花魁《おいらん》や大相撲《おおずもう》の力士などがあげられるが、突出していたのは歌舞伎役者であろう。ことに八代目の市川團十郎《いちかわだんじゅうろう》は、絶大な人気を誇った。水桶《みずおけ》の中に入るシーンで使用された水は、白粉《おしろい》を溶かす時に使うと美顔になれると評判になり、徳利一本で一分（三万円）の値段がついたものの、飛ぶように売れたという伝説をもつ。

残念ながら、八代目の團十郎は、千両（一億二千万円）役者と呼ばれる前に自死してしまったが、その父である七代目は、千両役者と呼ぶにふさわしいほどの大スターであった。千両役者とは芝居小屋から給金を千両もらっている役者を指すが、実際に給金をもらっていることに加えて、その名にふさわしい風格を備えていることも重要であった。

ちなみに、初めて千両の給料をもらったのは上方《かみがた》で活躍していた初代芳沢《よしざわ》あやめ。もともとは立役《たちやく》といって男性の役をしていたが、女形《おやま》になってからは傾城《けいせい》と呼ばれる美しい遊女役を得意とした。

なぜ、芝居小屋から給料をもらうのかを江戸の興行のシステムとともに説明しよう。江戸には中村座、市村座、森田座と三つの芝居小屋があった。各小屋は幕府から許可を得ていた幕府公認の劇場で、その印として櫓《やぐら》を揚げることが許されていた。役者はどこかの小屋の専属ではなく、一年ごとに契約し、出演する小屋を決めた。たとえば、今年は市川團十郎が中村座に出ていても、来年も出るとは限らない。翌年は市村座、その次の年は森田座ということもあった。

毎年九月に三座の小屋主である座元が集まって、次の年にどの役者がどこの芝居小屋に出演するかを振り分ける。九月なのは、芝居の世界では、十一月が一年の始まりだったからだ。なぜ十一月だったかは、十二月、一月は何かと金が出ていく時期なので、その前に金を芝居に落としてもらおうと考えたという説があるが、定かではない。出演する役者が決まると、身上書と呼ばれる契約書を役者と取り交《か》わし、役者は手付金を受け取る。

十月中旬、十一月から始まる次の年度、その芝居小屋に出演する役者全員が集まって顔合わせをする。この時、手付金を除いた三分の一の給金をもらい、稽古に入った。

最も死絵(有名人の訃報を知らせた浮世絵)が描かれた八代目市川團十郎(都立中央図書館蔵)

十一月は、向こう一年間、この顔ぶれで芝居をしますという顔見世興行《かおみせこうぎょう》となり、こうした制度がなくなった現在でも、十一月は顔見世興行と銘打って歌舞伎を上演する。

残りの給金は、新春興行（一月）、弥生《やよい》（三月）興行、皐月《さつき》（五月）興行、盆（七月）興行、秋（九月）興行と、年五回おこなわれる興行ごとに支払われた。

もっとも、この給料は「市川團十郎の今年の給金は千両です」と公表されたものではない。江戸時代には「役者給金付」という刷り物が発行されていた。ここに給金が役者の名前とともに記されている。額面は中《あた》らずとも遠からずという感じであったという。

千両もらうような役者は、市川團十郎、松本幸四郎、岩井半四郎といったヒーローやヒロインを演じる主役級の役者が多かったが、中村仲蔵《なかむらなかぞう》のように主役ではないが、物語の鍵となるような役柄を演じる名脇役も含まれていた。中村仲蔵は初代も三代目も最下級から役者を始めて、最高位の名題《なだい》まで上り詰めた立身出世の人であり、ほかに例はない。こうしたスターは人気にあやかり、本業のかたわら、煎餅《せんべい》などの店を営んでいたというから副収入も相当あったことだろう。

最下級の役者たちの給与

千両役者が役者の頂点とすれば、台詞《せりふ》もないような役者たちはどのように生活していたのか。実は、役者になってすぐに劇場から金がもらえるわけではなかった。給金が出るのは最下級の下立役《したたちやく》の一つ上の中通りから。それまでは師匠の家で使用人をしたり、アルバイトをしたりして、なんとか口を糊《のり》していたようだ。

前述の中村仲蔵を例に取れば、最初は八両（九十六万円）、その後、中通りに昇格して二十五両（三百万円）、もう一つ上の相中《あいちゅう》に上がって五十両（六百万円）と倍になったが、相中からは衣装、鬘《かつら》、小道具を自分で用意しなければならず、使用人を一人雇うことになっていた。その上、これより上の役者は、下立役や中通りの役者が食べるおかず代を地位に応じて払うことになっていた。つまり、下級の役者たちは芝居小屋にいれば、ただで食事することができたのである。

人気役者になればなるほど、給金は増えるものの、それに応じて出費が嵩《かさ》むようになったわけだ。

〈七〉十返舎一九の給与明細

酒浸りで妻に愛想をつかされる

日本で最初に原稿料だけで生活した作家として名前があげられるのは、『南総里見八犬伝』で知られる曲亭馬琴《きょくていばきん》と、『東海道中膝栗毛《とうかいどうちゅうひざくりげ》』を書いた十返舎一九《じっぺんしゃいっく》だ。もっとも、馬琴は作家としての稼ぎのほかに大家の家賃収入や、家伝の薬の販売収入が結構あったことを考えると、今の作家に近いのは一九の方だったようである。

十返舎一九は、明和二年(一七六五)、駿府《すんぷ》(静岡県静岡市)で武士の子として生まれ、若い時に江戸に出て、小田切土佐守《おだぎりとさのかみ》に仕えた。主が大坂町奉行になったので、それに従い大坂へ赴《おもむ》いた。大坂に移った一九は、すぐに武士をやめて浪人となり、材木商に婿《むこ》入りする。しかし、浄瑠璃《じょうるり》の台本を書くなど商売そっちのけで芸事にのめり込んでしまい、離縁されてしまった。この後、十返舎一九と名乗るようになる。

寛政六年(一七九四)に再び江戸へ出て、当時もっとも勢いのあった版元の蔦屋重三郎《つたやじゅうざぶろう》のもとを訪ねて食客となる。最初は店の手伝いをしていたが、大坂で浄瑠璃の台本を書いていた経験が買われて、草双紙《くさぞうし》を書き始める。草双紙は挿絵《さしえ》を多く掲載した滑稽《こっけい》な内容の小説。一九は挿絵も自ら手がけて多くの作品を世に出したが、あまり売れず、他人の作品の挿絵を描いたり、筆耕をしたりして食い繋《つな》いだという。この頃、また入り婿になったが、数年後には離婚している。どうやら放蕩《ほうとう》がすぎたようだ。一説には四回結婚したものの、最後は独身であったという。

亨和二年（一八〇二）に出した『東海道中膝栗毛』がヒットし、人気作家の仲間入りを果たす。この頃の潤筆料（原稿料）は、年間二十両（二百四十万円）くらいだったらしい。当時、一九が住んでいた根津《ねづ》門前町（東京都文京区）の二階建て貸家の家賃である年間七両二分（九十万円）は、払うことはできただろう。一九は人に頼まれれば、引札《ひきふだ》（ちらし）や、開店の時にお祝いとして配る景物本《けいぶつほん》という本も手がけており、こうした雑文のお礼が結構よかったらしく、実際には潤筆料以外の収入がそこそこあったようだ。ちなみに馬琴は雑文を書くことをとても嫌っていたと伝わる。

ところで、一九は無類の酒好きであった。離婚されたのも酒が原因だとされている。いくら稼いでもすぐに飲んでしまうから、常に金がなく貧乏で、あちらこちらに借金を重ねていたようだ。

〈八〉曲亭馬琴の給与明細

蔵書を売り払って武士の身分を買う

原稿料だけで生活した日本初の作家と呼ばれることが多い曲亭馬琴《きょくていばきん》。かつて高額納税者の名前が公表されていた時代には、人気作家やマンガ家が名を連ねていたこともあり、こうした職業は儲《もう》かると思われがちだ。しかし、江戸時代には今の印税という概念はなかった。その上、原稿料も当時はかなり安く、某有名料亭で版元におごってもらって終わりというケースもざらだった。そういった作家と比べると、少なくとも馬琴はキチンと原稿料をもらっており、職業作家の嚆矢《こうし》といえるかもしれない。

ある研究者によると、もっとも稼いだ天保《てんぽう》二年（一八三一）の年収は、百二両三分（千二百二十二万円）だったという。作家としての地位を確立してからは、八十五両（千二十万円）程度の収入があったが、この年を頂点に減収していく一方だった。天保二年は曲亭馬琴の代表作の一つ『南総里見八犬伝』の刊行が始まり、作家として最高潮の時だったのだろう。これ以降、目に異常を訴え（のちに失明）、文字が書けなかった長男の嫁（路《みち》）に字を教えながら代筆をさせ、『南総里見八犬伝』を書き上げた。

さて、現代の作家も同様だが、原稿を書くのには、たくさんの資料が必要になる。昭和を代表する作家の一人、司馬遼太郎は新作を書くにあたって、トラック一台分の本を東京神保町の古書店から取り寄せたという伝説が残っているが、馬琴も資料収集に熱心で、天保四年だけでも七両二分（九十万円）をかけて六十～七十冊の写本を作らせている。当時、刊本は高く、今の値段で一冊五万円は下らなかった。本は貸本が主流で、どうしても手元に置きたい場合は自分で写すか、人に頼んで写すしかなかった。天保三年頃には、七～八千冊ほどの蔵書があったようで、これらの写本がのちのち役に立った。

もともと、馬琴は武士であったが、武家の務めがうまくいかず、人気作家だった山東京伝《さんとうきょうでん》の伝手《つて》を頼り、勢いのあった版元蔦屋《つたや》の手伝いをすることになった。その蔦屋と京伝の薦《すす》めもあり、履物屋《はきものや》の百と結婚したが、履物屋は手伝わず自分は手習い師匠や大家などで生計を立てた。

どうやら、いつかは武家に戻りたいと思っていたようだが、長男の宗伯《そうはく》は病弱でかなわず、孫に託した。ある時、鉄砲同心の株（権利）が百三十五両（千六百二十万円）で売りに出ているという話を聞いて、その株を買うために泣く泣く蔵書を知り合いに売った。それでも足りずに、天保七年に書画会というイベントを開き、百十両（千三百二十万円）を集め、経費を引いた半分ほどの額面を手にし、無事に株を買うことができたという。

〈九〉中村主水の給与明細

殺しの代金ははした金？

かつて大阪朝日放送系列で放送されていたテレビ時代劇『必殺』シリーズ。このシリーズに数多く登場するのが、藤田まことの当たり役となった中村主水《なかむらもんど》である。もちろん架空の人物だが、設定は南町奉行所の同心だった。同心の中でも定町廻《じょうまちまわり》同心のようなので、本来なら小者《こもの》と呼ばれる使用人を引き連れ、江戸の町の風俗の乱れなどを取り締まるのがお役目だ。しかし、やる気のない窓際《まどぎわ》同心という設定からか、単独で江戸の町を歩いている。しかも、小さな犯罪を金で見逃し、時には商家から袖の下をもらうので、江戸の町の警察官というイメージからはほど遠い。もっとも研究書によれば、実際の同心の実態もこのようなものであったという説もある。

町奉行所の与力や同心は犯罪者とかかわるため、不浄役人として冷遇されていた。将軍直属ながら、身分は御目見得がかなわない御家人だった。また、ほかの役職につく家の娘を嫁にもらうことはまれで、結婚相手は町奉行所の与力・同心の親族、もしくは同僚の娘がほとんどだった。同心は大晦日《おおみそか》に上役《うわやく》の与力の家に行き、「長年、申し付くる事」と命じられることで、翌年の仕事が決まった。同心はお抱《かか》えという立場で、雇用は一年ごとの契約更新になっていたからだ。珍しい雇用形態である。

与力の給料は最初百六十石で、その後、加増されて二百石になる。古参になると、二百三十石もらうこともあった。この石高を知行でもらうから、同じ石高でも切米《きりまい》でもらうよりも格が上である。そのもらい方が変わっていた。北町・南町奉行所あわせて五十人分、約一万石を上総と下総（千葉県・茨城県）の知行地から一括《いっかつ》でもらうのだ。年貢を取り立てる時には北町・南町奉行所からそれぞれ二人ずつ古参の与力が取り立てを引き受けることになっていた。知行で二百石取りといっても二百石まるまる自分の収入になるわけではない。四公六民を標準として計算すると、八十石（九百六十万円）が収入となる。

一方の同心は知行地はなく俸禄米を受け取る蔵米取《くらまいどり》で、三十俵に二人扶持《ぶち》である。これを百俵が四十石として換算すると、十五・六石となり、一石は一両だから、年収が十五・六両。およそ二百万円。年寄同心だとさらに五俵増し、書物同心は三俵加増、そのほか捕物などで手柄を立てると、十俵から百俵まで加増されることがあったという。前述したように様々なところからの心づけをもらわなければならないほど、正規の収入はやはり少なかったのだろう。

最後に中村主水の裏稼業である暗殺請負《うけおい》料は、一回一両。一両が安いか高いか。微妙なところであろう。

〈十〉銭形平次の給与明細

正式な役職ではなかった

銭形平次《ぜにがたへいじ》は、大正から昭和にかけて活躍した小説家の野村胡堂《のむらこどう》が生み出した『銭形平次捕物控《とりものひかえ》』というシリーズに登場する御用聞《ごようき》きの親分である。神田《かんだ》明神《みょうじん》下《した》に住んでいるという設定になっているので、架空の人物にかかわらず、神田神社（通称、神田明神）の境内《けいだい》に碑がある。小説の主人公の枠では収まらず、映画やテレビといった映像作品となり、長谷川一夫、大川橋蔵、風間杜夫、北大路欣也といったスターが平次に扮していたので、そちらのイメージが強い人も多いことだろう。

さて、御用聞きという名称であるが、庶民が彼らを称《たた》える場合や、御用聞き自身が相手を威嚇《いかく》する時などに使用した名称で、普段は岡っ引きといった。岡っ引きとは外から引っ張るという意味で、岡場所などと同じく、岡のつく言葉は正式ではないというニュアンスを含んだ。つまり、犯人捕縛《ほばく》を正式な役目の同心ではなく、正当でない者が引っ張るから「岡っ引き」となった。また、目明《めあか》し、手先《てさき》などと呼ぶこともあった。

町奉行の下には与力がおり、この与力の下には同心が付いた。与力一人に大体四～五人程度の同心

神田神社境内に立つ銭形平次の碑（東京都千代田区）

が配置されていた。時代によって異なるが、町奉行所はおおかた南北二つであわせて与力は五十人、同心は二百四十人程度しかいなかった。当時の江戸は百万都市であったから、江戸の治安を維持するのには、この人数ではとても足りない。そこで、同心は自分の手下の者を使っていたのである。

同心が使っていた者で、表向きの手下を小者《こもの》といい、同心の手先となった。犯人を逮捕する時など、同心が直接手を下すことなく、この小者がおこなった。同心から給金を与えられる公的な使用人であるが、江戸初期には一年で一分。一分は一両の四分の一で、一両を十二万円とすると、わずか三万円にしかならない。住み込みで、食事も支給されていなければ、とても生活できない。その後、改善されて、月に一両もらえるようになったといわれている。

正式に抱える小者は人数が限られており、それでは足らずに非公式に使っていたのが、岡っ引きであった。一人の同心で二、三人を抱えていたといわれているが、この費用は同心のポケットマネーである。そのため、一カ月に一分二朱もらえればよいほうで、一分というのも多かったという。一分は三万円。一朱はさらにその四分の一だから七千五百円くらい。いくらなんでも三万円から四万五千円では暮らせず、岡っ引きは女房の名前で湯屋や小料理屋などを営んでいる者が多かったという。

平次は別の商売をしているようではなかったが、ドラマを見ていると、妻のお静が縫物にいそしむ様子が映し出されることもある。縫物や洗濯の代行は、当時の女性にとって最も手軽な内職であった。また、平次が鳥の世話をしているシーンなどもあり、江戸期は園芸やペットの飼育などが過熱した時代で、趣味と利殖を兼ねて植物や動物の世話をする者も多かった。もしかしたら、平次の家庭はこのような内職をしていたからこそ、懐《ふところ》を気にせずに銭を投げることができたのかもしれない。

平次の投げた銭をどうするのかと真剣に論議する人もいるようだが、平次の場合、下働きをする下っ引きがおり、下っ引きの八五郎に「拾った分は小遣《こづか》いとしてやるよ」といって回収させていたのだろう。

平次の場合、下っ引きは八五郎一人だが、四、五人いるのが普通で、ちょっと顔のきく親分となると、十人くらいの下っ引きを従えている場合もあった。当然、こうした下っ引きにも手当を渡さなければならない。さらに事件があると、すぐに飛んでいけるようにいつも五両とも十両ともいわれる大金を懐に忍ばせていたという。このように岡っ引きの親分は、金がなければ務まらなかった。長年、岡っ引きの親分を務めていると、町内のよい顔役となって内々ですませたいもめごとを収めた時にお礼をもらったり、それこそ袖の下を入れたりする者もいて、岡っ引きたちの懐具合はどうにかなっていたようである。平次のような正義の味方よりも、ドラマでライバルとして登場する三ノ輪の万七の方が、岡っ引きの現実に近い姿なのかもしれない。

岡っ引きの下で働く下っ引きも同様で、無職で親分に寄生している者もいれば、職人など別の職業を持っている者もいた。彼らが自分の縄張り内にある見世物小屋などに顔を出すと小遣いがもらえたという。町で起きた出来事を自分の親分に話し、岡っ引きが同心に伝えることで、犯人の検挙に繫《つな》がった。事件が起きた時に、犯人を密告した者は、たとえ犯罪者の仲間でも免罪した。しかし、幕府が犯罪者の手を借りて事件を解決しただけではなく、その罪を許すという、犯罪捜査が問題となった。岡っ引きの中には罪を見逃す代わりとして金品を強要する者もいて、幕府は何度も岡っ引きの存在を禁止した。禁止された時には一時的にいなくなるが、しばらくすると再び彼らに頼らざるを得なくなる悪循環を繰り返した。

〈十一〉人斬り浅右衛門の給与明細

「斬首、試し斬り、秘伝の薬」で大儲け

江戸時代の刑罰の一つに斬首、つまり刀を使って首を斬り落とすことがあった。また、切腹という刑罰は、短刀で自ら腹を切るのだが、実はこれではすぐには死ねない。体力がある人だと一日くらいは生きているそうだ。そこで苦しみが長引かないようにと切腹をした人の首を落とした（介錯《かいしゃく》）。一口《ひとくち》に首を落とすというが、介錯人の腕が立たなければ、人の首を一太刀で斬ることなどできない。平和な時代が続いており、実際に人を斬る機会はおろか、刀を抜く機会もなく、武士でも介錯人を務めるとなると尻込みしてしまうのが実情だった。それでも刑は執行しなければならない。そこで首斬りを外注するようになった。

斬首行為を外注された人、その名を山田《やまだ》浅右衛門《あさえもん》という。御様《おためし》御用《ごよう》という新刀の試し斬りを代々務めていた。日本刀は当然、人を斬るために造られたもので、実際に人で試してみないと、その切れ味はわからなかった。ただし、人で試すとはいえ、さすがに生きている人を斬るわけにはいかず、死罪となった罪人の死体を使っておこなった。かつては浅右衛門以外にも試し斬りをおこなう人がいた

らしいが、いつの間にか同業者がいなくなってしまった。

さて、斬首の代行料金は一両一分（十五万円）が相場であったらしいが、生実藩《おゆみ》（千葉県千葉市）が依頼した時は三両二分（四十二万円）に加えて、生実までの旅費が支給された。また、切腹の介錯も請け負うこともあった。人の命を絶つ業《ごう》の深い仕事をして、十五万円は安い値かもしれない。

一方の刀の試し切りの依頼は幕府だけではない。どこの藩でも藩主やその家族が刀を新調した際は、その切れ味が気になる。そこで、自藩でも試し斬りができる人材育成のため、浅右衛門の下に藩士を弟子入りさせることがあった。浅右衛門へ試し斬りを依頼した場合、多額の礼金が必要になるという世知辛《せちがら》い理由もある。その金額はケースバイケースのようだが、記録によると、浅右衛門は将軍の日光社参に三百両、江戸城本丸が焼失した時に百両を上納しているから、相応の金額であったと思われる。そのほか、刀の鑑定もおこなっており、その鑑定料も懐に入った。また、斬った罪人は浅右衛門に払い下げられたことから、骸《むくろ》から肝《きも》を取り出し調合した秘伝の薬を金二分（六万円）で販売しており、この売り上げもよかったという。

しかし、いいことばかりではない。人を斬った夜は気が高ぶって眠れず、夜通し酒を飲んだという。また、首斬り稼業は不浄な務めであり、幕臣として抱えられることはなく、身分は代々浪人であった。

〈十二〉春日局の給与明細

江戸時代を代表するキャリアウーマン

かつて日本では高貴な人は自分では子を育てず、乳母《うば》と呼ばれる女性を雇い、世話をさせた。乳母という文字通り、おもな役目は母親に代わって乳を与えることで、乳母役は乳の出る、すなわち出産したばかりの女性が選ばれた。乳母が自分の産んだ赤子にも乳を与える必要から、実子と雇い主の子どもが共に過ごすため、同じ乳を飲んで一緒に育つ「乳兄弟《ちきようだい》」は、主にとって信頼のおける腹心となるケースが多い。池田恒興《いけだつねおき》の母の乳で育った織田信長は、早くから恒興を側近くに置いている。信長が森蘭丸《もりらんまる》をはじめ森長可《ながよし》の兄弟を身近に置いたのも、長可が恒興の女婿《むすめむこ》であり、幼少の頃からの腹心である恒興への絶大な信頼からにほかならない。

慶長九年（一六〇四）七月、徳川二代将軍秀忠《ひでただ》の次男である家光が誕生し、その乳母役を募ることになった。これに応募して採用されたのが、稲葉正成《いなばまさなり》の妻の福こと、のちの春日局《かすがのつぼね》である。夫の正成は豊臣秀吉養子の小早川秀秋《こばやかわひであき》に仕え、秀秋を徳川方に引き入れた人物で、いわば関ヶ原の戦いの陰の功労者である。この功績により、正成は一万石（十二億円）を与えられて大名に列した。ちなみに福の実父は斎藤利三《さいとうとしみつ》といい、明智光秀《あけちみつひで》の重臣であり、本能寺の変後に処刑されている。彼女が乳母として採用された理由はいくつかあり、何より夫の軍功が考慮されたと考えられる。ただし、その夫とは乳母役が決まった際、離縁している。城へ上がるために離縁の必要があったわけではなく、理由については正成の不倫など数説がまことしやかに伝わっている。

春日局は離縁後、江戸城に上がったが、その採用条件は不明である。長男の稲葉正勝《まさかつ》が五百石二十人扶持（六億四千二百万円）で家光の小姓に採用されたから、親子で合わせて、この石高だったのかもしれない。正勝は最終的に八万五千石（百二億円）で小田原藩に入る。西国から東海道を通って江戸に至る者への最後の関門となる箱根の関所の運営を小田原藩が担っていたから、よほど信用のおける者でないと、この地は任せられなかったのだろう。

乳母となった春日局は、家光が次の将軍になるために尽力する。家光の母であるお江《ごう》は三男の忠長《ただなが》を溺愛《できあい》しており、秀忠も妻に同意し、次代の将軍は忠長に決定する勢いだった。秀忠自身が三男であり、長兄の死や次兄が他家に養子に行ったため、家督を継いだこともあって、手を尽くせば三男でも将軍にすることができると考えていたのかもしれない。だが、その野望を春日局が打ち砕いた。将軍の職を退いて駿府《すんぷ》にいた家康へ直訴《じきそ》し、次の将軍は家光だと言わせたのだ。これには春日局が家光の生母であったからだという説を唱える人がいる。自分の子どもを将軍につかせるために獅子奮迅《ししふんじん》の活躍をしたのだという。確かに実子となると、その力の入れようは変わったかもしれない。

麟林院前に立つ春日局像（東京都文京区）

元和九年（一六二三）、家光が将軍に就任すると、春日局は城中の奥を取り仕切るようになった。大奥と呼ばれる江戸城における将軍の家族のプライベート空間は、家光の時代に基礎がつくられたといわれている。この時に尽力したのも、春日局だった。

たとえば、大奥には合力金《ごうりききん》というものがある。本給とは別に支給される手当だ。これができるまでは、江戸に参勤する大名たちが大奥の女性たちに金を贈る習わしがあった。これを家光が廃止した時に、春日局が「私は三千石（三億六千万円）をもらって、三石（三十六万円）の生活している。しかし、ほかの者は、甲冑《かっちゅう》一領分ぐらいする小袖を買うこともできなくなってしまうので、その分の手当がほしい」と、合力金を支給させるようにしたという。当時の小袖は刺繍《ししゅう》などが施されたもので、大変高価であった。春日局のたとえも決して大げさなものではなかったのだろう。

さて、春日局自身の言葉が本当だとすると、大変質素な生活を送っていたことになるが、春日局は幕政に大いにかかわっており、権力者のもとに金が集まらないはずはない。

当時の大名が頼み事をする時は、取次《とりつぎ》の老中や旗本たちに指南を受けた上で、その月の当番である月番老中に申請するのが正式なルートだった。ただし、お願い事なので、正面だけではなく裏からも手を回しておけば確実なものとなる。こうした場合の口ききを春日局はおこなっていたようだ。表向きから頼みにくいことを奥向きから将軍の耳に入れておく。こうしたルートを研究者は内証ルートと呼ぶ。当時の慣習では、頼み事をした時にはお礼を贈る。春日局のもとにはさぞかし莫大な付け届けがあったことだろう。なお、大奥を通じて将軍のお耳に入れるこの内証ルートは、春日局が亡くなった後も残り、大奥の意向は無視できないものになった。

また、祝い事の祝儀などの臨時収入もあった。家光世子の家綱《いえつな》が誕生後、江戸城本丸から世子の住まいに移った時の引っ越し祝いとして銀三十枚と小袖二枚をもらっている。

寛永十九年（一六四二）、春日局は三千石（三億六千万円）の知行地を拝領。これをきっかけに政治の表舞台から引退を表明する。家光は申し出に不満であったようだが、さらに、銀百貫（約二億円）を与えて、「ゆっくりと使うように」と語ったという。

春日局の墓は、東京大学に隣接する麟祥院《りんしょういん》にある。寛永元年、春日局は家光にお願いをして報恩山天澤寺《てんたくじ》を創建。寛永二十年に春日局が死去したのち、局の法号「麟祥院殿」にちなんで寺号を変更している。

〈十三〉赤ひげの給与明細

一見高額に見える給与は、薬代込み？

赤ひげは、山本周五郎の小説『赤ひげ診療譚《しんりょうたん》』の主人公で、江戸時代の医師である。小説を原作にした黒澤明監督の映画『赤ひげ』をご覧になった方も多いことだろう。赤ひげこと新出《にいで》去定《きょじょう》にはモデルがいた。町医師の小川《おがわ》笙船《しょうせん》である。

寛文十二年（一六七二）生まれ。先祖は武士であったが、町医者になった。このまま、普通の町医者で終わる道もあったが、七代将軍の徳川吉宗が設置した庶民の投書を集める「目安箱《めやすばこ》」にある要求をしたことによって人生が変わった。

笙船は町医者の立場から生活に困窮している貧しい人たちでも医者にかかれるよう、幕府に庶民の救済施設の設置を嘆願したのである。享保七年（一七二二）、笙船の願いは聞き入れられ、小石川にあった幕府の御薬園《おやくえん》内に養生所が開設された。本道《ほんどう》（内科）・外科・眼科を設け、医師を八、九人置いた。医師は幕府の医官で、小石川周辺に住む役職についていない寄合・小普請の者が務めたが、のちに町医者から選ばれるようになった。

ちなみに、幕府の医師は将軍に初めて御目見得する時に二百石（二千四百万円）が支給される。その後の活躍に応じて、五百石（六千万円）まで増額されたという。ただし、代々医師を務める者の中には二千石（二億四千万円）をもらっていた高額所得者もいたそうだ。逆に最も少ない者は二人扶持（三十八万四千円）だった。

笙船は幕府の医師ではなかったため、養生所の肝煎《きもいり》として採用された。ちなみに赤ひげは長崎で学んだ蘭学医であったが、笙船は本道の医師であった。当時の医師は、本道という名称が表す通り、内科が本流で、それ以外は雑科とひとくくりにし、その中に外科や眼科は含まれた。

享保十八年に養生所制度の見直しがおこなわれ、医師を五人体制にし、薬代として支払われていた給金を米に替えた。それまで五十両（六百万円）支給されていた者は、米百俵になった。二・五俵を一石とすると、四百八十万円と大幅な減額であった。赤ひげは肝煎クラスであったので、おそらく五十両を支給されていたのだろう。

笙船は養生所をわずか四年で辞し、武蔵国金沢《かなざわ》（神奈川県横浜市金沢区）で隠居生活を三年ほど楽しんだ後、江戸に戻って没した。

〈十四〉徳川慶喜の給与明細

扶養家族から日本一の金持ちへ

十五代将軍こと徳川慶喜《よしのぶ》は、第九代水戸藩主の徳川斉昭《なりあき》の七男として、天保八年（一八三七）に江戸の小石川にある水戸藩の上屋敷で生まれた。父は水戸三十五万石の藩主であるが、慶喜は七男であり、どこかに養子のもらい手でもない限り、「部屋住み」といって藩主の父もしくは跡目を継ぐ長兄の扶養家族として過ごさなければならない。よって、長男以外は肩身が狭い思いをして一生過ごすよりも養子に入りたいと願った。そのため、学問や武芸に励んだ。優秀な若様の方が言うまでもなく、受けがいい。幸い、慶喜は幼い頃から英邁《えいまい》の誉《ほま》れが高かった。

弘化《こうか》四年（一八四七）、時の老中である阿部正弘《あべまさひろ》の意向により、慶喜は御三卿の一橋《ひとつばし》家を継ぐことになった。御三卿は十万石の石高を誇るが、大名ではなく、将軍家のお身内という扱いである。大名ではないが、水戸藩主の扶養家族から十万石の主となったのだ。家老など重職を務める人間は、将軍家から派遣されてくるので、自由な暮らしとは言いづらいが、それでも実家にいるよりもはるかにましだったに違いない。実入りも部屋住み時代からは桁違《けたちが》いに増えた。幕末には年貢率が五公五民になっていたから、半分の五万石（六十億円）といったところだろうか。

一橋家に養子に入った頃から、嫡子のいない十三代将軍家定《いえさだ》の後継候補として名前があがるようになるが、慶喜よりも血が近いという理由から、次代には紀州藩主の徳川慶福《よしとみ》が決定。十四代将軍の家《いえ》茂《もち》となった。文久《ぶんきゅう》二年（一八六二）、慶喜は将軍後見職に就任し、幕政にかかわるようになる。元治《げんじ》元年（一八六四）、同職を辞任して、禁裏御守衛総督《きんりごしゅえいそうとく》に就任する。

慶応《けいおう》二年（一八六六）、家茂が亡くなると継嗣問題が再び浮上、慶喜は徳川宗家を継ぐことは了承したが、将軍就任は固辞、しかし、その年の暮れに二条城で将軍宣下を受け、十五代将軍に就任した。

当時の徳川宗家の石高は約八百万石だったから、幕臣たちへの俸禄を無視して計算すると、一兆近い収入を誇る大大名であったことになる。将軍に就任した翌年、大政奉還を宣言して将軍職を朝廷に返上。約二百六十年続いた徳川幕府が終わった瞬間であった。慶喜は、約八百万石の石高そのままに大大名として新政府内でも支配的な立場でいられると考えていたようだが、新政府側は慶喜の辞官納地を求めた。その後、戊辰《ぼしん》戦争が勃発《ぼっぱつ》し、大坂から江戸へ戻った慶喜は寛永寺に謹慎する。徳川宗家は御三卿田安《たやす》家の亀之助《かめのすけ》が相続することになり、名を家達《いえさと》と改めた。徳川家の石高は将軍職であった当時の十分の一以下（七十万石）となり、領地も静岡へ転封となった。

〈十五〉座頭市の給与明細

高利貸しで稼いで身分を買う

勝新太郎の名演技が印象に残っている『座頭市《ざとういち》』。映画やドラマの印象が強いが、時代小説家の子母《しも》澤寛《ざわかん》の『座頭市物語』が原作。子母澤がのちに語ったところよれば、千葉県佐原市へ取材に訪れた際、盲人の俠客《きょうかく》の話を聞き、それをもとに書き上げたそうだ。

原作では、市は生まれつきの盲人ではなく、途中で失明したとある。実は、江戸時代にはこうした人が多かった。当時の日本は、道が舗装《ほそう》されていないために砂埃《すなぼこり》が舞いやすく、眼病を患ったのではないかといわれている。座頭市は俠客であったが、多くの盲人は按摩《あんま》や琵琶《びわ》奏者など職業をもっていた。

按摩は現在でいうマッサージ師。幕府は盲人の職能団体である「当道座《とうどうざ》」を保護し、盲人が按摩、鍼《しん》灸《きゅう》、芸能のほかに高利貸しをおこなうことを許可していた。按摩や鍼灸技術を取得するための育成機関もあり、江戸だけでなく、地方から修行にやって来る者もいた。

按摩の料金は、全身を揉《も》んで四十八文（千四百四十円）。中には子どもの按摩もいて、料金は半値の二十四文（七百二十円）だった。全身ではなく、上半身、下半身だけというメニューもあって、こちらは半額の二十四文であった。得意先を持っていて、そこを回る按摩もいれば、流しもいた。いずれにしろ、稼いだ金で店を構えることもあった。江戸の場合だけだが、足で踏んで行う足力《そくりき》という按摩の方法があり、これが百文（三千円）であったという。また、店を構えている場合は鍼灸治療もおこなう。灸の場合、百カ所から千カ所が一庸という単位で、二十四文であった。

幕府に特別に許されていた高利貸しだが、取り立てが厳しいことで有名だった。仲間同士で協力し、家の前で一日中「金返せ」と騒ぐのだ。

安永三年（一七七四）、幕府は盲人たちを統制するために、職業を持った盲人を検校《けんぎょう》という高位の盲人の下に置くことにした。座頭というのは盲人の位のことで、当道座に設けられた四官（検校→別当→勾当《こうとう》→座頭）の最下位となる。ちなみに座頭はすべて○○市と名乗ることになっていた。同じ座頭でも細分化されており、一番下の一度になるには一分（三万円）が必要だった。四官の最高位となる検校になるには、七百九十両（九千四百八十万円）ほどかかるといわれている。座頭たちは高利貸しなどで儲けた金を使い、当道座の本所（支配者）である公家の久我《こが》家から官位を買った。

高い身分を手に入れるのには約一億円もの金が必要だったわけだが、中にはそれ以上儲ける者もいた。勝海舟の曽祖父は盲人で、江戸に出て来て高利貸しを始め、検校の地位を買い、その後、当時千両（一億二千万円）ともいわれた旗本の株を購入している。

〈十六〉与謝蕪村の給与明細

絵を描くことを優先させた俳諧師

江戸時代を代表する俳諧師の一人に与謝蕪村《よさぶそん》がいる。今でこそ、松尾芭蕉《まつおばしょう》と並ぶ、巨匠《きょしょう》として評価されているが、存命中は俳諧師としてよりも、画家として名が売れており、本人も俳諧師ではなく絵師として暮らしていた。俳諧師としての評価が高まったのは、明治になって正岡子規《まさおかしき》が再評価したことにあるという。

与謝蕪村は、享保元年（一七一六）、摂津《せっつ》国東成《ひがしなり》郡毛馬《けま》村（大阪府大阪市）で生まれた。生家や両親については何も書き残していないので、よくわかっていない。それどころか、若い時分に村を出て以来一度も戻っていない。何か事情があったのではないだろうか。

わかっているのは、二十二、三歳の頃に江戸に出たこと。この時点では俳諧で身を立てようとしていたようで、宋阿《そうあ》の門人になっている。この宋阿について、日本文化研究者のドナルド・キーンは「二線級の俳人」と記している（『日本文学の歴史8（近世篇2）』）が、形式に縛《しば》ることなく、弟子に俳諧を自由に詠ませる人だったようだ。蕪村が二十七歳の時に師匠が亡くなり、師匠の門弟を頼って下総《しもうさ》の結城《ゆうき》（茨城県結城市）に行くことにした。この辺りは織物が盛んで裕福な家も多く、教養として学ぶ俳諧も盛んだった。それでも俳諧だけで食べていくことは難しかったようで、蕪村がこの頃から絵を描くようになり、結城には蕪村の絵が伝わっている。

結城を拠点に旅にも出かけている。当時、芭蕉の足跡を巡ることが一流の俳諧師になる条件であったのだ。

三十六歳の時に関東を離れ、京都に移る決意をする。四十半ばに結婚し、一粒種《ひとつぶだね》となる娘のくのをもうけた。この年になって結婚したのは、ようやく安定した収入を得ることができるようになったからだろう。さりとて、絵師の仕事は欠かせなかったようで、結婚間もない頃、俳諧の仲間の手引きによって讃岐《さぬき》（香川県）に渡り、絵描きの仕事をしている。六十五歳の時に描いた絵の領収書が残っており、方金二枚（金二分に相当）というから六万円になる。

絵の方が忙しくなると、俳諧の方は弟子に任せてしまうこともあったようだ。その一方で、門弟たちから送られてくる句に総評などをつけて送り返す、いわば通信教育をおこなっていた。相場では一句につき、百文（三千円）だった。

〈十七〉新選組の給与明細

特別ボーナスや危険手当もついていた

十四代将軍の徳川家茂の上洛にともない、京都の警備を強化するため、文久三年（一八六三）二月、浪士隊が結成され、即座に京都へ向けて出発。到着後、隊結成に尽力したはずの清河八郎《きよかわはちろう》が、隊を尊《そん》王攘夷《のうじょうい》運動に利用しようと目論《もくろ》んだ。そのため、浪士隊に参加した近藤勇《こんどういさみ》らは清河と袂《たもと》を分かち、京都に残った者たちで新たな部隊「新選組」を結成した。新選組は当初の通り、京都の治安維持に従事することとなった。

では、新選組隊士の懐具合を残された資料をもとに探ってみよう。

まずは、京都についたばかりの文久三年だが、一人頭月給三両（三十六万円）を幕府から支給されている。ちなみに浪士隊が分裂後、江戸に帰った者によって組織された新徴組《しんちょうぐみ》の面々は、江戸府内の警備役で年間三十六両をもらっていたから、月給三両はこのような役職の相場だったようだ。

一方、もっとたくさんもらっていた可能性もある。新選組の生き残りの一人である永倉新八《ながくらしんぱち》は、文久三年の九月から十一月にかけて、組の隊長が月に五十両（六百万円）、副長（大御番組頭）が四十両

（四百八十万円）、副長助勤（大御番組）が三十両（三百六十万円）、平の隊士でも十両（百二十万円）を支給されていたと証言している。

しかし、当時の新選組は無名であり、さすがにそれだけの金を出してくれるところは見当たらない。元治元年（一八六四）六月五日の池田屋事件の活躍で一躍名をあげるが、これ以降、相応の身分への取り立てが検討されたというから、せめて事件後の昇給であったなら、まだ納得できよう。

副長助勤を務めた原田左之助《はらださのすけ》の妻によると、いつのことかは不明だが、毎月決まった金額ではないにしても十両から十五両（百八十万円）の生活費を渡されるので、生活は楽だったそうだ。しかも隊士らの三度の食事は隊でまかなわれていた。自分で使う分を抜いた後、妻に渡した額であっても、永倉の証言通り、原田のクラスは月に三十両くらいはもらっていたのであろう。

このほか、戦時には危険手当ともいうべき特別手当が支給されている。たとえば、新選組最後の戦いとなった箱館《はこだて》戦争の時には、上等士官が二両（二十四万円）で、一番下の歩兵クラスでも一両（十二万円）はついた。

また、手柄を立てた時には、給料とは別に幕府や朝廷などから褒美《ほうび》をもらうことになっていた。たとえば、池田屋事件の際には、計六百両（七百二十万円）を活躍の程度に合わせて各隊士に分配した記録が残っている。中でも一番の褒美といえば、近藤の大名格への取り立てであろう。戊辰戦争の最中であったので、軍資金五千両（六億円）も与えられている。まさに破格の大出世であった。

コラム

化粧料　大名領を凌駕する結婚祝い

世界文化遺産に登録される国宝の姫路城。多くの櫓《やぐら》が現存するが、その中の一つに化粧《けしょう》櫓がある。徳川二代将軍秀忠の娘の千姫が、本多忠刻《ほんだただとき》（姫路藩主忠政《ただまさ》の長男）に嫁いだ。その後、千姫がここで休憩したり、化粧直しをしたりしたので、この名がついた。これが一般的な由来だが、異説もある。

元和二年（一六一六）、千姫が輿入《こしい》れした際に持参した化粧料の一部を使って造られた櫓だからというものだ。千姫の化粧料は、十万石（百二十億円）。大名の格式が十万石以上とそれ以下とでは、雲泥の差といわれる石高である。当時、口紅として使用する紅が、金と同じ値段といわれていたとはいえ、とても十万石＝十万両は使い切れない。

このほか化粧料でいえば、尾張初代藩主で家康九男の徳川義直《よしなお》が、紀州藩主の浅野幸長《あさのよしなが》娘の春姫と結婚した時、家康が姫に化粧料と称して銘木の産地である木曽の村六十三カ村分、三万石強（約三十六億円）を贈っている。なんともスケールの大きい結婚祝いである。

第三章　武家の財テク

〈二〉新田開発

豪商鴻池も新田開発に参入

江戸時代、日本は米の値段が経済を左右した。幕府や藩が財政の収入を増やすには、農民からの年《ねん》貢《ぐ》を増やすことが肝心《かんじん》であった。しかし、農民たちに重い年貢を課すと逃げられてしまう。そこで逃げてしまった農民に戻って来てもらうために、それまでの借金はなかったことにする、数年間は年貢を取らないなどと呼びかける領主もいた。また新規に農業を始める場合には土地を与えることもあった。

年貢を増やすためには年貢率を上げるのではなく、米が採れる農地を増やすのが一番と考えて、新田開発が盛んにおこなわれた。

江戸時代には二度、新田開発が盛んになった時期がある。一度目は江戸時代以前から続き寛文《かんぶん》（一六六一～七三）から延宝《えんぽう》（一六七三～一六八一）期まで続いた開発で、戦国時代からの流れをくむ土着の有力者がその中心となった。この開発によって村数が増えて全国で六万を超え、総石高も二千五百万石となった。

さらに、江戸、京都、大坂などの都市周辺部では町人たちも開発に乗り出した。大坂の豪商鴻池《こうのいけ》も町人請負《うけおい》の開発を先んじておこない、拠点となった鴻池新田会所は、国の史跡・重要文化財に指定されている。鴻池は新田から上がる小作料を目的に開発をおこなったのである。

もう一つのピークは、徳川八代将軍吉宗《よしむね》がおこなった享保《きょうほう》の改革の時期である。享保七年(一七二二)、江戸日本橋に高札を立て新田開発を促《うなが》したことが契機となった。これによって幕府の領地は五十万石増となった。

大岡越前が先頭に立った武蔵野の新田開発

さて、享保の新田開発だが、武蔵野の事例で説明しよう。

江戸の郊外多摩地区は、享保の前にも開発のピークがあった。江戸初期、寛永《かんえい》(一六二四~四四)から元禄《げんろく》(一六八八~一七〇四)にかけての開発だ。この時期は江戸の町が大きく変わった時でもあった。たとえば、承応《じょうおう》期(一六五二~五五)は人口が増加し、それに伴って水不足が懸念され、玉川《たまがわ》上水が開削《かいさく》された。この開削によって住み慣れた土地から移らざるを得ない人びとが生まれた。高井戸《たかいど》新田(東京都杉並区)・西久保《にしくぼ》城山町《しろやまちょう》(東京都港区)の住人が移住した西久保村(東京都武蔵野市)や、住みたい街ランキングで必ず上位に入る吉祥寺《きちじょうじ》は、現在の東京都文京区にある吉祥寺が門前町ごと移動するはずだったのが、町だけが移ったことに始まった。また、明暦《めいれき》の大火で甚大《じんだい》な被害を受けた神《かん》

吉祥寺山門（東京都文京区本駒込）

田《だ》連雀町《れんじゃくちょう》（東京都千代田区）の商人たちが移り住んだ連雀新田（東京都三鷹《みたか》市）などもあげられる。

武蔵野における新田開発の特徴は、陣頭指揮を町奉行の大岡越前が執《と》ったことにある。大岡は町奉行のかたわら地《じ》方《かた》御《ご》用《よう》という新田の育成や治水工事の仕事を兼務していた。彼は農民出身の田《た》中丘隅《なかきゅうぐ》や川崎平右衛門を登用し、多摩の武蔵野新田（関東平野西部）だけでなく、下総《しもうさ》国（千葉県・茨城県）の向小金《むかいこがね》新田（千葉県流山《ながれやま》市）や酒匂川《さかわがわ》流域（神奈川県西部）の治水をおこなった。

この結果、八十二の新しい村が誕生する。当時の新田開発は地域の有力者が手がけることが多い。村が主体となった例としては、田無《たなし》村が開発した田無新田（東京都西東京市）や、野崎村が手がけた野崎新田（三鷹市）などがあげられる。

地域の有力者の例としては、国分寺《こくぶんじ》村（東京都国分寺）の名主本多氏らが開発した本多新田や、貫井《ぬくい》村（東京都小金井《こがねい》市）の名主鈴木氏が手がけた鈴木新田（東京都小平《こだいら》市）などがある。

一方、江戸時代には農業技術が進み、少ない土地からより多くの作物を収穫することが可能となった。たとえば、干した鰯《いわし》などの魚、油や酒を搾《しぼ》り取った後のカスなどを肥料として使用することが始まる。それまでの草木から作られる腐葉土《ふようど》よりも即効性がある半面、金を出して買わなくてならないことから金肥《きんぴ》とも呼ばれた。

このほか、農具においても金属を用いたクワが生まれ、効率的に農作業がおこなわれるようになって、より多くの米が収穫できるようになったのである。

確かに、幕府の思惑《おもわく》通りに米は増産された。その一方で、米が多く作られれば作られるほど米価が下落してしまうことになる事態を招いた。米を中心とした経済は限界に来ていたといえるだろう。

〈二〉専売制度

生活必需品を藩が独占販売する

専売とは、国などがその商品の販売を独占しておこなうことで、約四十年前までは、たばこや塩は日本専売公社だけが販売を許された専売品であった。江戸時代には、財政難から藩が特産品を独占的に販売することが盛んにおこなわれていた。

多くの場合、藩が出資して特定の商品を買い占める。その後、藩が専用の機関を設け、担当の役人を配して販売した。生産地に出張所を設けて買い占めることもあった。たとえば、宇和島《うわじま》藩では紙の原料となる楮《こうぞ》を楮役所から買い上げ、これを紙漉《かみす》き職人に渡して紙を作らせ、紙方役所を通じて紙を独占的に販売する。

専売は藩外に向けての販売が多かったが、中には、長州藩の藍《あい》、鳥取藩の蠟燭《ろうそく》など領内での販売を独占している場合もあった。藩内の独占は藩外から対象の商品が流入してこないようにするなどわずらわしいこともあり、特異なケースだった。

一方、有力商人を介して商品を買い占めることもおこなわれた。この買い占めには藩札《はんさつ》が使用される場合が多かった。つまり、藩札で商品を買い占め、大坂や江戸へ商品を送り、正貨を得ていた。

専売品に指定されるのは、紙や蠟など生活必需品に近いものだった。贅沢品《ぜいたくひん》はそれを買わなくても生活できるので、専売制になって値が上がったりすれば買わないという選択肢もある。だが、生活必需品は、たとえ高額でもそれがないと生活するのが難しくなる。

では、様々な専売の例を紹介していこう。

藩の専売で最も有名な例は、薩摩《さつま》藩の砂糖であろう。産地の奄美大島《あまみおおしま》では年貢を砂糖で納めたが、藩は余剰の砂糖も強制的に買い取っていた。しかも増産するにしたがって、なぜか代金として支払われる米の割合は少なくなる一方、天保《てんぽう》元年（一八三〇）に三島砂糖惣買入《そうかいいれ》制度が実施されると、生産地の奄美大島、徳之島《とくのしま》、喜界島《きかいじま》は、年貢以外の余剰の砂糖と交換で生活必需品を藩から支給されるようになった。これにより、島民たちは一般の流通経済から遮断《しゃだん》されてしまった。しかも、自分たちが作った砂糖を口に入れることは一切禁止され、子どもも例外ではなかったと伝わる。

こうして作られた砂糖は大坂に運ばれて、天保期は黒砂糖一斤《いっきん》（約六百グラム）がおよそ銀四匁《もんめ》ぐらいというから、大体八万円くらいで取引された。なお、薩摩で買い上げた時には米三合であったという。一石は千合なので、一石をこれまでと同じく一両（十二万円）にすると、三合は三百六十円くらいになる。濡《ぬ》れ手で粟《あわ》とはまさにこのことであろう。薩摩藩では、砂糖だけでなく櫨《はぜ》、蠟、菜種《なたね》、うこん、朱粉《しゅふん》、薬種、胡麻《ごま》も統制の対象であった。

砂糖とともに、専売の対象になることが多かったのが塩である。砂糖は嗜好品《しこうひん》の趣《おもむき》が強かったが、塩はこれがないと生物は生きていくのは簡単ではない。

仙台藩は、藩祖伊達政宗《だてまさむね》の時代から塩の専売制度が実施されていた。牡鹿郡流留・渡波《おしかぐんながるわたのは》（宮城県石巻市）などで年間二十万俵《ぴょう》から三十万俵作られた塩をすべて藩が買い上げ、藩内で販売していた。販売の方法が独特で、村の有力者を通じて春と秋の年二回、各村に割り当てられるが、藩が買い占めた値段の二倍以上の代金を支払わなければならなかった。この専売制度は幕末まで続けられたという。

塩の同様の専売制は加賀藩でもおこなわれていた。こちらでは、藩が塩の生産者に対して米の前貸しをおこない、でき上がったすべての塩と引き換えるという方法であった。藩によって買い占められた塩は鑑札《かんさつ》を与えられた小売人によって販売される。これによる藩の利益は平均年一万数千両に上ったというから、現在の値段に直すと十数億円になった。

黄門様が保護した紙問屋

また、漆《うるし》と蠟も専売の対象になることが多かった。

会津《あいづ》での例を取り上げよう。会津では漆は、寛文五年（一六六五）、漆木《うるしのき》の自由伐採の禁止、漆移出禁止を出し、さらに蠟は余った蠟の売買まで禁止する厳しい管理下に置かれていた。そのかいあって、もっとも盛んであった享保（一七一六～三六）から延享《えんきょう》（一七四四～四八）にかけて、漆と蠟の収益が年貢を上回るほどであったという。一方、漆については、管理の厳しさから米沢藩《よねざわ》では「厄木」と農民から避けられて栽培されなくなってしまい、ある程度の余剰を認めるようになった例もある。

藩が利益をあてにして専売を始めるのが一般的であったが、それとは違う理由でおこなった例もあった。それが水戸藩《みと》の紙の専売である。水戸藩で作られる紙は江戸の紙問屋が買い上げていたが、紙問屋が傲慢《ごうまん》であった。紙問屋は製造者に対して原料の楮を買い付ける際に購入金の貸し付けをおこない、それを盾《たて》に紙を安く買いたたいたのである。藩主の徳川光圀《みつくに》はその事実を知り、領内の紙を江戸の紙問屋よりも高い値段で買い上げるという政策をおこなった。領内の紙製造業者の保護になった施策だが、長くは続かず宝永《ほうえい》四年（一七〇七）に中止となった。

時代が下るにつれて、商業が盛んになると専売制はなし崩《くず》しになっていくケースが散見されるようになる。作物や商品を自由に売買しようとする領民たちを抑えつけるだけの力が藩になくなっていたのである。

〈三〉 特産物

砂糖の場合

江戸時代、今の税金に当たる年貢は、基本的に農民から米として取り立てていた。これを石高制《こくだかせい》といい、藩の大きさから藩士の給金まで米を生産する能力によって計算された。江戸も中期になると、米を売った代金で物品を購入する貨幣経済が進んで、それまでの年貢では足りなくなってくる。しかし、年貢率を上げれば、農民たちは年貢率の低い所へ逃亡したり、農民をやめて都会へ仕事を求めたりして、領内から出て行ってしまう。年貢率は全国一定ではなく、領主によって微妙に違ったのだ。また、江戸や大坂では棒手振《ぼてふ》りといった元手がなくてもできる仕事がたくさんあった。

自領の米の生産能力アップのため、原野や湿地や沼地を埋め立てる新田開発もいつまでも続けられるわけではなく限界がある。そこで、幕府は税額を増やすために、これまで徴収対象ではなかった商人に目をつけ、営業許可の礼金としての「冥加金《みょうがきん》（冥加は恩恵の意）」や、運送業者などに一定の割合で収めさせる「運上金《うんじょうきん》（運送上納の略）」などの新たな税金をあてにするようになった。

では、運上金が、どのように徴収されていたのか。高松藩の砂糖を例にとって説明してみよう。

サトウキビの葉を剝き、茎を煮詰める黒砂糖作り（『日本山海名産図会』国立国会図書館蔵）

砂糖はもともと中国から薬として日本に入って来た。そのため、高額で取引されていた。元禄期になると、高級菓子に使われるようになり、需要が増えた。しかし、当時の日本では砂糖が作られておらず、必然、オランダからの輸入に頼らざるを得ない。一説では、砂糖の代金として毎年五万両（六百億円）もの金や銀が海外へと流出し、原材料の貴金属不足から貨幣を鋳造《ちゅうぞう》することが難しくなるほどであった。

八代将軍の徳川吉宗は、享保十年（一七二五）に琉球《りゅうきゅう》からサトウキビの苗《なえ》と、長崎から中国の本を翻訳したマニュアルを取り寄せ、江戸城内の吹上御苑《ふきあげぎょえん》で試作をおこない、諸大名にも栽培を奨励《しょうれい》した。

しかし、この政策に関心を示したのは、讃岐《さぬき》国高松藩（香川県高松市）ぐらいであった。

五代藩主の松平頼恭《まつだいらよりたか》は吉宗の施策に興味を持ち、延享三年（一七四六）に町医者の池田玄丈に藩の御薬園《おやくえん》で試作させている。明和《めいわ》三年（一七六六）に玄丈が藩医に取り立てられ、弟子の向山周慶《さきやましゅうけい》とともに研究を続け、師の亡き後、周慶は砂糖の製造に成功する。寛政六年（一七九四）に砂糖製造元は、周慶と農民の儀五郎に限定し、さとうきびを栽培する者は、このいずれかに属さなければならなくなり、領外に運び出す時には運上銀（讃岐は西国なので銀貨が使われていた）を支払わなくてはいけなくなった。

讃岐にはこのほかにも特産物があった。それが塩である。年間降水量が少ない瀬戸内地方では製塩業が盛んで、文政《ぶんせい》十二年（一八二九）、坂出《さかいで》（香川県坂出市）に完成した塩田は、最盛期には年間製塩高三十万俵と全国の生産量の半分を占めるほどで、運上金は千八百両（一億千六百万円）にも上った。砂糖と塩のおかげで、五十万両（六百億円）あった借金は、文政十年に完済したという。

大野藩の場合

一方、自ら特産品を売り出した藩もあった。北陸や西国の藩は、年貢米を現金に換《か》えるため大坂に蔵屋敷を構えていた。当時の大坂は日本一の商都で、先に紹介した砂糖なども大坂で取引されていた。大野《おおの》藩（福井県大野市）は、大坂の蔵屋敷を利用して藩の特産品を売る商店を始めたのである。

さりとて、蔵屋敷そのものを商店に改装したわけではない。町人地に土蔵のついた二階建ての屋敷を見つけて、ここでの開業であった。店名を大野屋とした。こうしたことを仕掛けたのは、藩家老の内山良休《うちやまよしやす》。銅山御用掛《どうざんごようがかり》頭取《とうどり》という役職について領内での銅を産出する鉱山経営に携わるようになって、頭角を現した。最も産出量の多かった天保十一年には、当時の相場で換算すると約五千万両（六兆円）にもなった。このおかげで大野藩は財政を立て直すことができたとされる。

大野屋では最初、たばこを販売していたが、すぐに商品を増やした。多店舗経営にも乗り出し、一番多い時で三十七店舗を構えたという。藩の特産物だけでなく、店舗のある地域の品物を仕入れて他の地域で販売するようになった。売上帳の中にはゲベール銃といった洋式銃の名も見える。藩では洋式船「大野丸」を所有し、大野屋の商品の輸送や蝦夷《えぞ》地との往来に使用した。大野屋は箱館《はこだて》にも支店があった。さらには金融業にも進出している。

大野屋の売り上げであるが、安政《あんせい》三年（一八五六）九月から翌年三月までの場合を見てみよう。収入が五千七百六両、支出が四千五十五両で、千六百五十一両（一億九千八百十二万円）の利益が上がっていたことになる。良休は武士とは思えないほどの商才にあふれた人物で、藩政時代に金融業を手がけていたこともあり、明治になって銀行を興《おこ》している（良休が設立した大七《だいしち》銀行は大正時代に福井銀行に吸収合併されている）。

〈四〉藩札

赤字を垂れ流しにした

お金が足りなくなったらお札を刷ればいい。そんなことを考える人は結構いるのだろう。偽札《にせさつ》の報道は珍しくない。令和の現在、使用されている紙札の日本銀行券。正貨（金貨など）とは交換できない不換紙幣で、日本政府の信用で流通させている。よって、自分勝手に百万円の紙幣を作成し、「今日からこれが百万円札です」といったところで、当たり前の話だが、紙幣として使用できないし、使用する前に通貨偽造罪で逮捕される。

通貨偽造犯は江戸時代にもいた。それも個人ではなく藩であるから、いわゆる組織ぐるみの犯罪である。江戸幕府の通貨は金、銀、銅の金属を資材とする硬貨であり、資材の在庫の問題などもあって、足りなくなったからといってすぐに発行できるものではない。貨幣経済が進むにつれ、通貨が地方まで行き渡らずに困った各藩では、苦肉の策を思いついた。紙でできた金を幕府の許可を得て発行するようになったのである。流通範囲は基本藩内であったが、発行した藩と近しい関係にある藩内では使えた。寛文元年（一六六一）、越前福井藩で日本初の藩札が発行されているが、福井藩より約三十年前の寛永七年（一六三〇）に備後《びんご》福山藩で出したという記録が残る。ただし、これは藩札という名前ではなく「銀札」。福山藩は現在の広島県福山市に藩庁があった藩だ。江戸時代西国は金ではなく、銀を通貨としていたから「銀札」となったのだろう。

江戸時代の紙幣は、国が発行する債券《さいけん》、つまり「国債」のようなものだ。もっとも発行元が藩という地方自治体なので、現在にたとえるなら地方債とすべきかもしれない。藩札はおもに藩収の赤字補塡《ほてん》や新規事業の費用として発行したが、乱発されては通貨の価値が下がるといった弊害も出てくる。幕府は乱発防止のために藩札を発行する藩に「正貨と交換が可能でなければ発行してはならない」と通達しており、希望者が藩庁に「この藩札を幕府の正式な貨幣（正貨）に取り替えてほしい」と申し出た場合には応じなければならなかった。

一方で、多くの藩で正貨と交換できる額をはるかに超えて発行していた。そのことを領民たちもよく知っていたから藩札はあまり信用されていなかったといい、どこの藩でも信用を得るために苦慮していた。

幕末の備中松山藩（岡山県高梁市《たかはし》）では、家老の山田《やまだ》方谷《ほうこく》がそんなに信用されていないのであれば藩札を焼き捨てると宣言、集めた藩札を公衆の面前で焼き捨てた。その額一万二千両で、一両十二万円で換算すると一億四千四百万円となった。その後、新たな藩札を発行。正貨と交換可能をＰＲしたことにより、藩札の信用を回復させたのである。

余談だが、方谷は武士の出ではなかったが、学問に優《すぐ》れ、藩士に取り立てられた。彼の名声は遠国まで鳴り響き、戊辰《ぼしん》戦争の際に長岡藩を指揮した河井継之助《かわいつぐのすけ》が教えを乞《こ》うため、遠く越後《えちご》（新潟県）からやって来たほどの才人であった。

もちろん、方谷のような荒療治を誰もができるわけではない。他藩では、相変わらず交換できる正貨が不足したまま、藩札を流通させ続けた。このため、物価の高騰を招いたり、交換を求める一揆が起こったりしている。

藩はなくとも借りた金は返す

それでも藩があるなら、正貨の何割引きかでも使用できるからまだいい。しかし、発行元である藩が御家取り潰しにあったら、藩札はただの紙切れになってしまう。そのため、明治の廃藩置県の際に土佐藩では、藩庁に人々が押しかけて大騒ぎになっている。先述した福山藩でも廃藩置県時は、やはり等価交換できず、藩札の約三割分の正貨しか手にできなかったが、この時期、三割の正貨分は平均的な交換比率であったようだ。

そんな中、その倍に当たる六割で交換した藩があった。時代は遡《さかのぼ》り、江戸時代半ばの元禄十四年（一七〇一）。江戸城内で起きた刃傷《にんじょう》事件で改易された、あの赤穂《あこう》藩である。赤穂藩はわずか二万石の小藩。このくらいの規模の藩になると、御家の家計が苦しく、常に領地の返上を願い出ようかという論

赤穂藩の家計を支えた製塩業(『日本山海名産図会』国立国会図書館蔵)

議が出るのが普通だった。一万二千石の田原《たはら》藩では、台風の被害にあったが、財政難のため、風で飛ばされた屋根瓦だけを新調したという記録が残っている。

では、お取り潰し前の赤穂藩の内情は逼迫《ひっぱく》していなかったのか。ご存じの方も多いだろうが、赤穂藩の立地にヒントがある。今では埋め立てが進み、海が遠くなったが、江戸期は城下のすぐそばまで波が寄せ、この立地を生かして塩づくりに励んでいた。その製塩技術は高く、赤穂の塩はブランド塩として人気だった。塩は藩の専売品として販売したから代金はすべて藩の収入になり、財政は他藩より豊かであった。そのため、藩が潰れても藩札を正貨の六割分の値で交換できたため、大きな混乱は起きなかったとされている。

〈五〉贋金づくり

「銭を造った」薩摩藩

戊辰戦争で旧幕府軍が負けたのは、金がなくて武器が買えなかったため、古いタイプの銃を使っていたからだという人がいる。一方、薩摩藩や長州藩は外国船への砲撃によって欧米列強から弁償金を請求されたが、金欠で幕府に肩代わりしてもらった過去がある。嘘《うそ》をついていたわけではなく、本当にこの時期は金がなかったようだ。では、その後、どのようにして討幕の軍資金をつくったのだろうか。

従来、薩摩藩は砂糖の専売と琉球貿易で利益を上げて軍資金を捻出《ねんしゅつ》したといわれるが、砂糖はともかく、琉球貿易は順調とはいえなかった。

では、どうしたのか。

実は文字通り「金をつくった」のである。貨幣を造ることは幕府の特権であった。金貨は、今では日本銀行本店となっている金座で、銀貨は今や日本を代表する繁華街となった銀座で造っていた。庶民が使用していた銭は、江戸と近江《おうみ》坂本にあった銭座で鋳造されていた。ところが、その後、大坂や長崎、秋田、京都などで町人が請け負って造ることもおこなわれるようになる。幕府はここで造られた銭の一部を運上（税金）として納めさせた。ちなみに大坂、長崎、京都といった商業が盛んな地域に交《ま》じって秋田が入っているのは、秋田は当時有数の銅の産地であったからである。

薩摩はこの銭の請負制を利用して贋金《にせがね》を造った。元薩摩藩士の市来四郎《いちきしろう》が明治二十五年（一八九二）に子細を暴露している。市来は現在伝わっている藩主島津斉彬《しまづなりあきら》の写真を撮影したとされる人物で、島津斉彬が推《お》し進めていた近代的な工場群「集成館」事業に携わっており、薩摩藩では最も科学に精通していた。

薩摩藩は琉球貿易のために琉球通宝の鋳造を幕府に願い出て、それとともに天保通宝の鋳造も申し出た。薩摩藩は許可が下りるものだとフライングして、鋳造の準備を始めたのである。

まずは通貨の鋳造に精通している安田轍蔵《やすだてつぞう》をスカウトした。安田は大坂生まれの眼科医であったが、有用な植物や鉱物を研究する物産学を学び、その中でも山相学という地形や植物から山の性質を見極《みきわ》めて鉱山を発見する技術に長《た》けていた。安田は鉱山を発見するだけでなく採掘も請け負った。それだけではなく、安田は銭の鋳造技術、でき上がった貨幣を流通させるシステムまで学んでいた。妙な言い方だが、贋金づくりにうってつけの人物だったのである。

薩摩藩は文久《ぶんきゅう》二年（一八六二）頃、安田をまず医師として抱えた。彼は幕府にも太いパイプを持っており、琉球通宝と天保通宝の鋳造の許可が下りるように働きかけ、そのかいもあって、三年という

幕府から薩摩藩へ鋳造の許可が下りた「琉球通宝」

期間限定で琉球通宝の鋳造を許された。ただし、天保通宝の鋳造は許可が下りなかった。なお、口利《くちき》きをした幕府側の人間に対して十万両（百二十億円）から二十万両を譲渡する契約が交わされたという。

薩摩藩は、さっそく琉球通宝鋳造の準備に取りかかり、江戸にいた安田を薩摩に呼んだ。安田は銭座で働いたことがある職人を連れて来薩したが、安田自身は藩内にとどまれず、屋久島への異動になった。安田を幕府の間者《かんじゃ》（スパイ）だとする声が大きかったからとされているが、実際は安田のあまりの好待遇ぶりに首脳部が反感を抱いたようだ。

九万両の偽造金

さて、天保通宝は小判型をした銭で真ん中に四角い穴が開いている。一文銭の百倍の価値があるとされるが、実際には八十文で流通していたようだ。琉球通宝は二種類あり、一つは円形の物。こちらは半朱といい、一両の三十二分の一の価値があった。もう一つが小判型で天保通宝とほぼ同型であった。額面は百文であったが、一枚百二十四文で取引された。

薩摩藩は小判型の琉球通宝を鋳造する裏で、許可が下りなかった天保通宝も造っていたのである。万が一見つかったとしても琉球通宝を造っているという言い訳が立つと考えたのだろう。鋳造にあたり、材料の銅を入手すべく銅山開発をおこない、四万八千斤ほどの銅を産出したが、とても足りない。そこで大坂や長崎でも銅を買い入れたが、当時、幕府や各藩は軍備増強の時期で銅が足りず、値段が高騰したことから思うように手に入らない。そこで領内の鍋や釜、寺院の鐘などをかき集めて溶かした。

こうして、薩摩藩は九万両の贋金をまんまと鋳造したのである。ちなみに一番多く贋金を造ったのは、会津藩で十七万七千両あまり。続いて尾張藩、薩摩藩は三位であった。

〈六〉改鋳

改鋳によって財政難を乗り切る

徳川家康が開府後に造った慶長小判は、非常に純度の高い金が使われている。あえて純金にしなかったのは、少し銅が混じっていた方が黄金色《こがねいろ》になるからららしい。縦約七・五センチメートル、横約四センチメートル、重さ約十七・七グラムと非常にゴージャスな小判だ。

慶長小判は現存する物が非常に少ない。外国との交易により海外に流出してしまったこともあるが、何より回収して鋳潰《いつぶ》してしまったことが大きいだろう。集めて溶かしたわけだが、なぜかといえば、溶かした小判を原料に新たな小判を造るためだった。一見無駄なことをしているように思えるが、ほぼ純金の小判を集めてそこに銀などの金属を混ぜて、同じ重さの新しい小判を造れば、当たり前の話だが、溶かす前よりも多くの小判ができる。こうして増えた分を「出目《でめ》」といい、一連の作業を「改《かい》鋳《ちゅう》」という。

最初の改鋳は、元禄八年（一六九五）。五代将軍綱吉《つなよし》の時代である。大坂の豪商たちが力をつけ、これを背景に上方《かみがた》で華《はな》やかな元禄文化が生まれた頃となる。

実は、幕府が管理していた佐渡《さど》金山から採掘する金の量が減っていた。そこで改鋳という禁じ手に出たのである。金はわずかに銅を混ぜると輝きを増すが、ほかの金属を大量に加えると一転してくすんで、一目見ただけで慶長小判とは違うとわかるほどになった。慶長小判の金の含有率が八十六・八パーセントであったのに対し、元禄小判は金の含有率が五十七・四パーセントと、約三十パーセントも下がっていた。

この改鋳により、幕府は約五百万両（六千億円）を手にしたといわれている。当時の幕府の歳入は百万両（千二百億円）強だったとされるから、経済政策をほかには何も打たずに約五年分の歳入を手にしたことになる。

しかし、一見して慶長小判とは違う小判を今までと同じ価値で使用しろと命じても、なかなか承服しかねるものである。このおかげで小判の価値が下がり、インフレが起こってしまい、物価が高騰して庶民の生活が苦しくなった。

それでも宝永七年（一七一〇）、再び改鋳がおこなわれた。今度は金の含有率を慶長小判と同じくらいに引き上げたが、重さが慶長小判の半分しかなかった。慶長小判を一枚造るのに約十五・四グラムの金が必要だが、元禄小判だと約十・二グラム、宝永小判の場合は約七・七グラムの金でできた。つまり、宝永小判は元禄小判と比べても七割強の金で小判を造ることができたため、浮いた分は幕府の収入となった。慶長小判に比べて重さが半分なので、この宝永小判は一両の半分である二分の価値しかないとして、「二分小判」と揶揄《やゆ》される始末だった。

日本の金銀で巨利を得た列強

この二つの改鋳を指揮したのは、勘定奉行の荻原重秀《おぎわらしげひで》だったが、彼の政策を激しく非難した人物がいた。六代将軍家宣《いえのぶ》の側近、新井白石《あらいはくせき》である。家宣は白石の言葉を聞き入れ、重秀を罷免《ひめん》。直後に家宣が亡くなり、息子の家継《いえつぐ》が七代将軍位を継ぐと、白石はその後見役を務めた。正徳四年（一七一四）、三度目の改鋳を断行。ただし、今度は金の含有率、重量ともに慶長小判に戻したのである。幕府は材料となる金銀を確保するため、貿易を制限して金銀の流出防止を図《はか》ったが、うまくいかなかった。今回の改鋳による出目は期待できず、幕府財政は再び火の車となってしまう。

その後、しばらく改鋳はおこなわれなかったが、江戸後期の文政二年（一八一九）、またしても貨幣の質を落とす改鋳を実施した。金の含有率を五十六・四パーセントと元禄小判とほぼ同じにまで落としてしまったのである。この改鋳で幕府は五百五十万両（六千六百億円）の出目を手に入れた。しかし、元禄の改鋳時と同じくインフレが起こり、幕府は物価を引き下げるよう命じるが、さしたる効果はなかった。

天保八年（一八三七）、さらに貨幣の品質を落とす改鋳をおこなった。幕府が最初に鋳造した慶長小判と比べてみると、大きさも輝きも見劣りしてしまう。欧米列強に屈して開国したこともあり、小判

金の含有率を30%も減らした元禄小判（出典:国立文化財機構所蔵品統合検索システム）

が外国に流出する。実は、日本では金銀を交換する比率が違っていたのだ。

欧米では金銀の交換レートは、金一に対して銀十五。かたや日本では、金一に対して銀五と銀の価値が高く、金の価値が低かった。ようするに、外国では金貨一枚を手に入れるのに、銀貨は十五枚必要だが、日本では銀貨五枚で金貨一枚が手に入れられる。外国人はこぞって銀貨を日本で金の小判に換えて国外に持ち出し、巨利を手にしたのである。これに気がついた幕府は、さらに金の含有率を下げた万延小判を発行したが、これによって日本国内のインフレが急激に進んでしまった。

幕府は金融危機になると、貨幣に含まれる金や銀の量を減らして、その出目によって乗り越えてきた。しかしながら、改鋳による経済施策は差益がないと成り立たないという不健在な財政であり、このことも幕府が滅亡する原因の一つになったのは否《いな》めない。

〈七〉内職

支給された土地を運用する

近年、本業の給与が上がらないことなどから会社員の副業が話題となっているが、江戸時代の武士たちにとって副業や内職は当たり前だった。江戸時代を通して武士に対して支給される給料を「家禄」といった。これは祖父に父親、そして自分。さらに子や孫も、よほどのことがない限り固定されたまま、変わらない。つまり、インフレになっても給料は据《す》え置きのまま上がらず、場合によっては、与えられていた領地を取り上げられてしまったり、給料として支給されるはずの米が支給されなかったりすることがままあった。平和な世の中になって豊かになったのに、武士は使える金が増えない。そのために現金を得る様々な努力をしていたのだ。

旗本の場合、手っ取り早い現金収入の手段が賃貸業である。武士は禄高に応じて住居地が支給されていた。たとえば、三千石超クラスの旗本で二千坪程度、三千石の旗本で千三百坪、千六百石の旗本で六百坪と広大な住居地である。二千坪ならサッカー場、六百坪でも学校の体育館二棟分くらいになる広さだ。ただし、支給されるのは土地だけで、上物《うわもの》は自分で造らなければならない。自分や家族が住む母屋《おもや》のほかに、騎馬が許されているのであれば、馬を飼育する馬小屋。また、いざ戦《いくさ》の時には軍勢を率いて駆けつけなければならないので、家来たちを住まわせる長屋も必要だ。つまり、広い土地は本来こうした建物を建てるためのものだった。

建前はともかく、背に腹は代えられず、旗本たちは現金を得るべく、拝領された土地の一部を内緒で人に貸したり、人を住まわせたりした。中には、支給された土地をすべて貸し出した例もある。借り手が何か問題を起こした場合、大家に全責任が問われる時代であったから、医師や学者といった比較的社会的地位の高い人を店子《たなこ》に選んでいたようだ。また、この土地を生かして、家庭菜園にいそしむことも日常茶飯事であった。採れた野菜が、日々の食卓を彩ったのだろう。

さて、旗本よりも禄高の少ない御家人の場合、個別にではなく、役職ごとにまとめて組屋敷という形で拝領することが多かった。現在の役所の官舎や社宅のようなものだ。ただし、集合住宅ではなく、独立していた。広大な土地に同じような戸建て住宅が立ち並ぶニュータウンのような光景だったのだろう。旗本よりも収入が少ないから懐《ふところ》具合もいっそう苦しい。そこで、同じ組屋敷に住む者同士が協力し合って内職をこなしていた。時代劇でおなじみの浪人の傘張りだが、実際には浪人ではなく御家人たちがせっせと作業をしていたのだ。御家人たちにそんなことをする時間があったのかと問われれば、実はあったのである。

空いた時間を内職にあてる

五代将軍となった徳川綱吉は、将軍になる前は館林《たてばやし》藩主であった。続く六代将軍家宣は元甲府藩主、八代将軍となった吉宗は紀州藩主から将軍となった。彼らは自分の藩から多くの家臣を引き連れて将軍となったため、そのぶん、幕臣が増えたのである。その影響もあってか、武士の数よりもポストの方がずっと少ない。一つのポストを二人や三人で兼務するのは当たり前。シェアワークで権力が集中することを抑制する効果もあるというが、一つの仕事をローテーションでこなすのだから、毎日せっせと仕事をしなくてもよい。三日に一度くらいの勤務だったといわれており、仕事もないから暇である。

彼らは、その空いた時間を内職にあてていたのである。傘張りのほか、江戸時代を通して多少の波はあるものの、園芸が盛んであった。朝顔やつつじなどを栽培している組屋敷も多かった。

朝顔は遺伝子が不安定で、突然変種が生まれやすい。つまり、青い花が咲いた朝顔の種を蒔《ま》いたからといって必ず青い花になるとは限らない。また、おなじみの丸い形の花にならないこともある。ガクの部分が変化して魔訶不思議《まかふしぎ》な形になる場合もあったし、葉が縮れてしまう物も生まれた。こうした一味違う朝顔は変化《へんげ》朝顔と呼ばれ、その姿を描き留めた本が出版されたり、品評会も開かれたりと話題となり、変化種の種は高額で取引された。

渡辺崋山が描いた鷹見泉石像（出典：国立文化財機構所蔵品統合検索システム）

朝顔のほか、万年青《おもと》という植物の変形品種も珍重され、高値を付けた。こうした「植物のブリーダー」には旗本や御家人といった武士が少なからずいたのである。

武士はある程度の教育を受けていたので、それを生かして文学作品を発表したり、人に頼まれて絵を描いて礼金を受け取ったりすることも日常的におこなわれていた。古《こ》河《が》藩家老の鷹見《たかみ》泉石《せんせき》を描いた作品で有名な渡辺崋山《わたなべかざん》は、現在の愛知県田原市にあった田原藩の家老であった。鷹見泉石像を見てわかる通り、とても絵がうまく、人から頼まれて絵を描いたという。

また、江戸時代に絶大な人気を誇った『偐紫《にせむらさき》　田舎源氏《いなかげんじ》』の作者柳亭種彦《りゅうていたねひこ》は二百石取りの旗本、『金々先生栄花夢』などを書いた恋川春町《こいかわはるまち》は現在の静岡市清水区にあった小島《おじま》藩の藩士であった。余談だが、発表した作品が幕府の不興を買い、いずれも不自然な死を遂げており、自死したのではないかとされている。

〈八〉借金の踏み倒し

お借り上げという名の召し上げ

但馬八木《たじまやぎ》藩主の別所守治《べっしょもりはる》は、参勤交代の費用が工面できないため、参勤交代を病気と称して数年にわたっておこなわなかった。この仮病《けびょう》がばれて、寛永五年（一六二八）に改易となった。また、庄内藩主の酒井忠徳《さかいただあり》は安永《あんえい》元年（一七七二）、初めてのお国入りの際、途中で資金が底を突いて立ち往生。国元でかき集めた金が届いて、ようやく出発できたというエピソードもある。とりわけ、江戸時代後半になると、大名の多くは借金で首が回らない状態であった。上杉謙信の子孫が藩主を務める米沢《よねざわ》藩では、財政難から領地を返上しようという話まで出たという。

江戸時代半ばから貨幣経済が広まったため、金がないと大名ですらどうにもならず、どこからか金を借りてこなければならない。災害の時などは、幕府が一時金を給付したり、貸し付けたりすることもあったが、参勤交代の費用はその対象とはならない。

まず、殿様としては借りやすいところから借金をと考えたのだろう。なんと、家臣に借りることにした。借上《かりあげ》、上米《あげまい》、借知《しゃくち》、半知《はんち》、半知借上などと呼ばれるが、藩主が家臣の俸禄を借りるという形で給金の一部を支給しない、減給政策である。建前は借りるとしているものの、返さないことも当たり前だった。最初の頃は限られた期間だけ、または石高の高い者などと限定的な処置だったが、次第に常態化していった。半知とは本来の知行の半分を借り上げるからそう呼ばれるようになったのだが、中にはそれ以上を家臣から借り上げる、とんでもない藩主もいたらしい。

次に借りやすい対象が、領内の豪農や商人となる。いつしか幕府から手伝い普請などを申し付けられた時に、人を出す代わりに上納金を納めるようになっていた。臨時に上納される金銭は御用金とも呼ばれ、本来は利子をつけての返済が原則だったが、まず返済されることはなかった。これは越前大野藩での例だが、文化六年（一八〇九）、町人が七十両（八百四十万円）以上献金すれば御目見御用達《おめみえごようたし》とされ、農民でも十両（百二十万円）献金すれば袴《はかま》着用が、二十両で二代にわたって許されたという。仙台藩などでは、高額の献金で士分に取り立てることもおこなわれていた。

さらにもう一段進み、国元の商人たちを藩の役人として採用する場合もあった。大野藩では、天明八年（一七八八）に三人の商人が御勝手向御用掛《おかってむきごようがかり》下働きに登用された。差し当たって彼らに与えられた仕事は江戸借金書付に書かれた元金六千四百五十両（七千七百四十万円）、一年の利子約九百六十両（千百五十二万円）をどうにかすることだった。三人は江戸への送金方法や借財の返済方法などを吟味《ぎんみ》するが、ない袖は振れず、結局は自分たちが用立てることになってしまった。藩からしてみれば、商人らの財力を見込んでの登用であった。最初は元利とともに商人へ借金が返済されたが、いつしか返済は滞《とどこお》り、名字帯刀を許されることと、藩主が帰国した時にお褒《ほ》めのお言葉をいただくことくらいの見返りで借金はチャラになった。

帳消しになった借金

さて、大名が領地以外で金を借りる先として多いのが、大坂の豪商であった。前述したが、江戸時代、物資の集積地であった大坂は商都として栄え、こうした商人たちを中心に華やかな元禄文化が開花した。西国の大名たちは、領民から年貢として納めさせた米を大坂の堂島にあった市場で現金（銀）化した。西国の大藩は大坂に米を納めて置く蔵屋敷を持っていたので、大坂の豪商たちと知り合いになる機会も多く、参勤交代の際には荷物の運搬を頼むこともあった。

最初、大坂の商人は無担保で貸し付けをおこなっていたのだが、一方的に借金を棒引きにさせられることがままあり、これによって倒産する商家が出るようなった。そこで、商人たちは年貢米を担保に融資するようになった。

もともと金策に行き詰まって金を借りているのだから返済は容易ではない。大藩の薩摩藩では五百万両も借りていたという。一両を十二万円として計算すると、六百億円になる天文学的な金額となる。

さて、この五百万両の借金だが、薩摩藩では、ある奇策を用いて解決してしまった。それは五百万両を無利子二百五十年払いで返すという計画である。単純に計算すると、年に二万両の返済計画ではあるが、二百五十年もかかれば借りた方はもとより貸した方も亡くなってしまう。それでも返済する意思を示したのは、借金を踏み倒してしまうと、今後、誰も貸してくれなくなる可能性があったからだといわれている。

実際、慶応三年（一八六七）十月十四日に徳川慶喜《よしのぶ》が大政奉還し、幕府自体がなくなってしまった。さらに明治二年（一八六九）の版籍奉還で藩もなくなってしまい、借金相手が存在しなくなり、商人らは借金を回収することができなくなった。明治六年に救済策が採られたが、それでも貸し付けていた金の一部しか戻らず、大坂商人の中で没落していった者もいたという。

コラム

万石事件　大名になるために石高を虚偽報告

つい、人前でいい恰好《かっこう》をしたいからと、自分の年収を盛る人もいるだろう。仲間内で「盛りすぎ」と言われるうちは、まだかわいい。明治時代、過大報告をしたために捕まって一年間臭い飯を食うことになった人物がいる。家系は藤原家に繋《つな》がり、和宮《かずのみや》が降嫁する時に供をした名門大沢家。江戸時代は三千五百五十石の高家《こうけ》であった。高家とは儀式や典礼の指導をする家柄のことで、名家しかつくことができない。

明治元年（一八六八）、大沢家は新政府に大名位を申請して、当主の大沢基寿《もととし》は堀江藩主となった。翌年に華族制度が発足すると、華族に列せられた。ここまでは順調にことが運んでいたのだが、その後、知行地の石高を過大に報告していたことが発覚。堀江藩は浜名湖東畔にあり、なんと浜名湖を埋め立て、そこから米が採れることを想定した架空の石高「一万飛んで六石」で申し出たのだ。確かに一万石以上なら大名にはなれるが、バレては元も子もない。基寿は華族から士族へと身分を落とされた上、禁固一年の刑を受けた。

第四章　才能ある商人

〈一〉「越後屋」の型破りな商い

商売のヒントになったたちの悪い借り手

三井《みつい》家の祖となる三井高利《たかとし》。父の隆俊《たかとし》は、伊勢国松坂《まつさか》（三重県松阪市）で質屋のかたわら酒と味噌《みそ》を商っていたが、あまり商売は好きではなく、それよりも連歌などの芸事に熱心であったという。夫に代わって妻の珠法《しゅほう》が商売をおこなっていた。

元和《げんな》八年（一六二二）、高利は二人の四男として生まれた。長兄の俊次は、寛永《かんえい》年間（一六二四〜四四）の初め頃、江戸へ出て本町《ほんちょう》で小間物屋を始めた。三男の重俊はこの店を手伝っていたが、のちに独立して中橋《なかばし》で呉服店を開業。その後、長兄の店を任されるようになった。高利は十三歳であった寛永十一年に俊次の店を手伝うために江戸へ出たが、十七歳の時に重俊の店を任されるようになった。

二十七歳の時、母を手伝うためにいったん松坂に帰ることになった。松坂では家業に加え、大名相手とした金融業を営んだ。俗にいう大名貸しである。江戸時代初期に大金を必要とするのは、大名ぐらいしかいなかったからである。大名は返済が滞《とどこお》ると、商人を家臣として扶持《ふち》を与えることで借金の返済をしたが、これも次第にできなくなって商人が訴訟を起こすと、「家来が主《あるじ》を訴えるとは何事であるか」と借金を踏み倒す、たちの悪い借り手であった。この苦《にが》い経験こそ三井家が新しい商売を生み出すヒントになった。

高利が五十一歳となった延宝《えんぽう》元年（一六七三）、長兄の俊次が亡くなった。これを契機に高利は江戸再進出を決意する。すでに長男の高平《たかひら》、次男の高富《たかとみ》、三男の高治《たかはる》は江戸に出て俊次の店を手伝っていた。このうち次男を本町一丁目に借りた店に置き、長男の高平を江戸から京都に呼び寄せて新たに開いた店で仕入れに当たらせた。

三井の新商法「現金掛け値なし」

さて、当時の大店《おおだな》と呼ばれる呉服店の商品の売り方は「見世《みせ》物商い」と「屋敷売り」である。見世物商いは顧客から色・柄などの注文を聞いて着物を作って納品するという売り方である。一方、屋敷売りは店のお薦《すす》め商品を顧客に持っていき、後日、客が気に入らなかった商品を回収する。どちらも身分の高い武士が顧客であったので利潤《りじゅん》が高かった。

この販売方法に対し、三井の店「越後屋《えちごや》」は新商法を編み出す。まず、実店舗で顧客と対面して販売する「店前売《たなさきうり》」をおこなった。さらに「現金掛け値なし」という商売を生み出した。三井本店は銀を使う上方《かみがた》にあったので、越後屋を描いた浮世絵では「現銀掛け値なし」と書かれていることもある。

それまで江戸では、盆と年末の二回、代金を回収していた。大店の顧客である武士たちの手元には

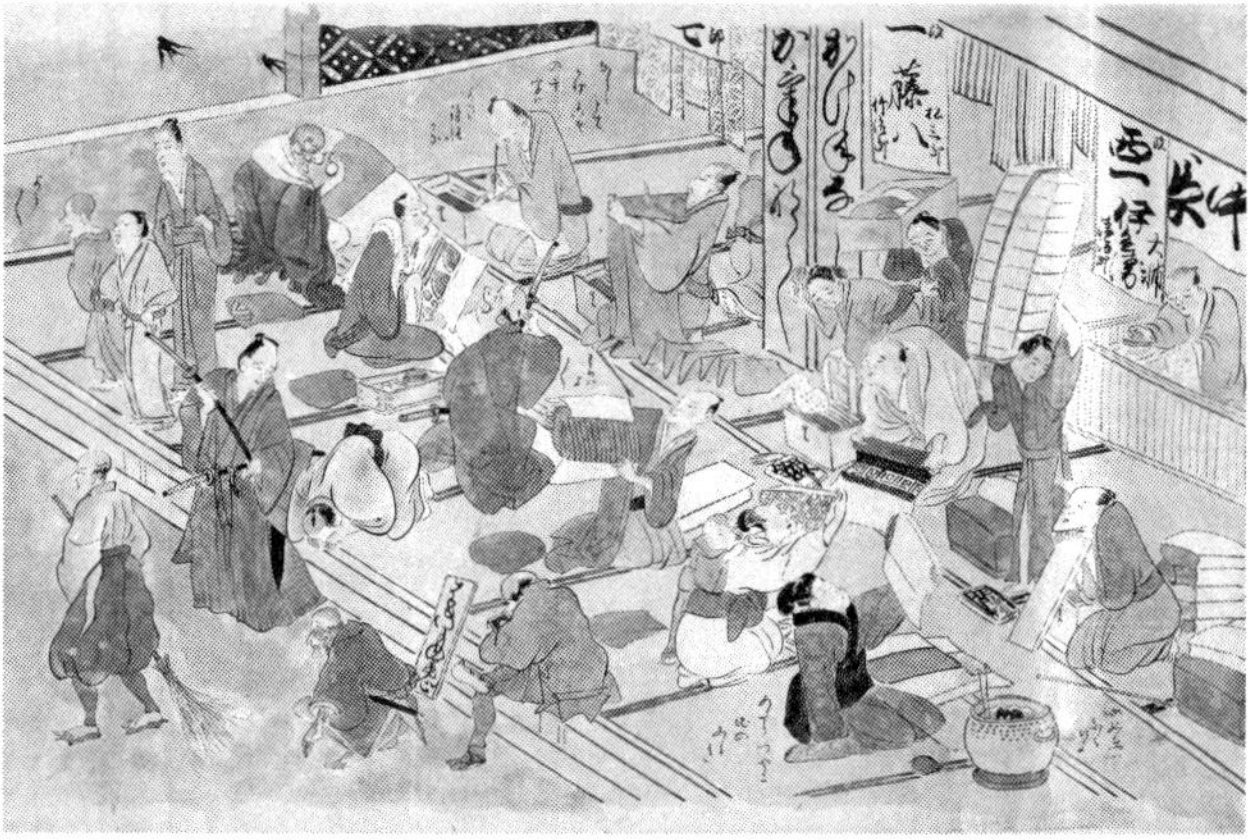

多くの客で賑わう越後屋の店内（『職人尽絵詞』国立国会図書館蔵）

毎月金が入ってこない事情があったからだ。大名や大身の旗本のもとに年貢が納められるのは、年に一回の秋だけ。また、扶持米《ふちまい》をもらっている場合は、金を手にするのは春と夏と冬の三回。つまり、手元に商品の代金を払えるだけの金がない場合もままあった。このために店ではそれまでの売り上げを帳面に付けておく。帳面に付けておくから「ツケ」という。買う方は手元に金がなくても商品を手に入れることができるが、売る方は代金を回収できない可能性もあった。そこで商人はそのリスクを代金に上乗せしていた。これを掛け値という。また、今までの売り方だと、注文を取りに行ったり、商品を届けたり、商品や代金を回収したりする人手が必要になる。現在でいうところの外商で、この分の人を確保しておかなければならない。

ところが、越後屋の商法だと、顧客に店に来てもらい、代金と引き換えに商品を渡すから踏み倒される心配はなく、リスク分を上乗せする必要もない。大勢の外商を雇《やと》わずともよいので、人件費も減らすことができる。よって、浮いた経費分を引いて着物の代金を安くできた。江戸時代は商人の言い値で買うことは少なく、たいがい値引き交渉がおこなわれたが、越後屋ではあらかじめ正札《しょうふだ》（値札）をつけて販売し、値引きには応じなかった。

さらに今までは一着分に相当する一反《いったん》の単位でなければ販売しなかったが、越後屋では必要な分だけ、反物を切り売りした。着物を仕立てる職人を自前で抱え、即仕立てさせた。豊富な品揃《しなぞろ》えで、三十日たっても売れ残った商品や傷物は値引き販売を実施。商品に対する専門知識を持つ店員を配置したのも成功の秘訣《ひけつ》とされている。

ほかにも「現金（銀）掛け値なし」と書いた引札《ひきふだ》（現在のチラシ）を大量にばらまく、屋号を大きく書いた傘を雨の日に無料で貸し出すなどの宣伝方法も考え出した。

新しい商法を次々と生み出した越後屋は、江戸を代表する有名店にのし上がった。そのため、同業者からのいやがらせにあい、天和《てんな》二年（一六八二）、本町から少し離れた駿河町《するがちょう》に引っ越さざるを得ない事態になった。しかし、それを逆手に取り、店を広げて両替商を開いた。その後も売り上げを伸ばし、享保《きょうほう》年間（一七一六〜三六）には、呉服店だけで京都に五店、江戸に三店、大坂に一店、六百八十三人の従業員を抱えるまでに発展した。このほか、江戸、京都、大坂に両替店を出店している。

高利は元禄七年（一六九四）に亡くなっているが、彼個人の遺産分だけでも八万両、およそ百億円あったという。

〈二〉みかんで御大尽になった「紀伊国屋」

吉原を借り切った豪遊伝説

江戸時代の立身出世の人物として最も有名な一人は、「紀文《きぶん》」こと紀伊国屋文左衛門《きいのくにやぶんざえもん》であろう。華やかなエピソードに彩られた人生が伝わっているが、確証の取れるものは少なく、実像はよくわかっていない。

伝承によれば、寛文《かんぶん》九年（一六六九）、紀伊国（和歌山県）で生まれた。子ども時分から商才に長《た》けていたという。地元特産物のみかんが豊作の年があった。当時の江戸では、鍛冶屋《かじや》や鋳物師《いものし》など風を送るふいごを使う職人たちが、十一月八日に「ふいご祭り」をおこなっており、この時にみかんをまく風習があった。江戸でみかんを売れば、大儲《おおもう》けは間違いないが、悪天候のために江戸へ出航できない。文左衛門は荒れ狂う大海に決死の覚悟で船出すると、みかんを江戸へと運んだ。ふいご祭りでの需要もあって、みかんは販売即完売。文左衛門は見事に商売のチャンスをつかんだのである。

この時に儲《もう》けた金を元手にして八丁堀で材木商を始めた。たくさんの材木を買い占めたので、江戸で頻発《ひんぱつ》する大火事の時には、復興に使う木材を文左衛門から仕入れる状況になり、さらに大きな富を手にした。文左衛門は大金を江戸最大の遊郭「吉原《よしわら》」で使いまくる。小判をまいた、店はおろか吉原全部を借り切ったという伝説も生まれた。

多くの人にうらやましがられる御《お》大尽《だいじん》ぶりだが、文左衛門は自分が楽しむために遊んでいたのではない、当時、勘定奉行を務めていた荻原重秀《おぎわらしげひで》や五代将軍徳川綱吉《つなよし》の側用人の柳沢吉保《やなぎさわよしやす》など幕府の要人たちを接待したのである。その裏には彼らと深く結びつき、公共事業の入札を有利に運ぼうとする目論《もくろ》見《み》があった。こうしたかいがあって、将軍家の墓所がある上野寛永寺の根本中堂の改築工事を請《う》け負《お》うことに成功し、五十万両（六百億円）もの大儲けをしたとされている。さらに、下総国《しもうさ》（千葉県・茨城県）の香取《かとり》神社の普請も受注している。

しかし、繁栄は長くは続かない。大火で蓄えていた木材を焼失したとも、荻原重秀が仕掛けた宝永通宝の鋳造事業にかかわり失敗したともいわれているが、実のところは不明だ。悪いことに、好《よしみ》を通じていた荻原重秀の失職や柳沢吉保の隠居もあり、後《うし》ろ盾《だて》を失った文左衛門は潔く事業から撤退することを決めた。深川八幡《ふかがわはちまん》の近くに隠居所を構えて余生を静かに送ったとされ、この隠居所は現在の清《きよ》澄《すみ》庭園だといわれている。家業に陰りが見えていたといはいえ、隠居所への引っ越しは荷物が多く、運搬に十八日かかったそうだ。

なお、家業が傾いたのは、初代ではなく二代目の時という説も伝わる。

〈三〉江戸の「ゼネコン」河村瑞賢

東廻・西廻海路を確定し巨万の富を築く

江戸時代に一代で財を成した人物として必ず名前があがる一人に河村瑞賢《かわむらずいけん》がいる。瑞賢は元和四年（一六一八）、伊勢国東宮村《とうぐうむら》（三重県南伊勢町）で生まれ、十三歳の時に単身江戸に出た。しかし、なかなか芽が出ず、江戸から上方に行ってやり直そうと東海道を上る途中、小田原宿で出会った老人に説得されて江戸に戻る。この時、品川宿の裏の海に盂蘭盆会《うらぼんえ》で仏前に備えられていた茄子《なす》やキュウリが捨てられているのを発見。人を使って拾い集めて漬物にした。漬物を売り歩いているうちに役人と仲良くなり、工事現場の労働者を監督する仕事を任され、ここで金をためて商売を始めた。最初から材木商だったかどうかはわからない。明暦《めいれき》三年（一六五七）の明暦の大火の時、急いで木曽へ行き、あり金をはたいて山林の木を買い占め、これを売りさばいて巨万の富を得たという。

また、増上寺の鐘が落下した時に、これを吊《つ》り直す事業を安価で落札。近くの米屋から大量の米俵《こめだわら》を購入し、これを落下した鐘のそばまで運ばせた。瑞賢は鐘を傾けて米俵に寄りかからせて少し浮いた隙間《すきま》に別の米俵を差し込んで、鐘を米俵の上に乗せた。これを何度か繰り返して鐘を高い位置まで運び、元のように鐘を釣り上げたという。

こうして幕府との繋がりを持った瑞賢は、寛文十年（一六七〇）、陸奥《むつ》国信夫《しのぶ》郡（福島県）の幕府領から米を運ぶように命じられた。瑞賢はまず船の寄港地として常陸《ひたち》国の平潟《ひらかた》（茨城県北茨城市）と那珂《なか》湊《みなと》（茨城県ひたちなか市）、下野《しもつけ》国銚子《ちょうし》（千葉県銚子市）、安房《あわ》国小湊《こみなと》（千葉県鴨川市）を選定。しかし、このルートでは海難事故が多発していたため、小湊からいったん対岸の三浦半島や伊豆半島に寄ってから江戸湊に入るようにした。この航路を東廻《ひがしまわり》海路と呼ぶ。瑞賢は寄港地に務場という臨検施設を置き、また外洋でも航行可能な伊勢・尾張《おわり》・紀伊の堅牢な船と熟練した船員を選抜した。船には幕府の米を運んでいることがわかるように大きな幟《のぼり》を掲げさせ、万が一の時には大名や代官たちに船を保護させた。

さらに、出羽《でわ》国酒田（山形県酒田市）から日本海を通って下関を経て、瀬戸内海を航行して大坂に入り、最終的には江戸へと米を運ぶ西廻海路も確立した。この時、東廻海路同様に務場を置き、北陸の湊が課していた入港税を廃止した。この入港税を払いたくないために寄港せず、遭難する船が多かったからである。瑞賢が東廻・西廻の航路を確立させたことによって江戸時代の海運は発展した。

瑞賢は多くの公共事業を手がけた功績により、新井白石に「天下に並ぶ者がない」と絶賛され、晩年には旗本に列せられている。

〈四〉百億を没収された「淀屋」

橋にその名を残した伝説の豪商

大阪にある淀屋橋《よどやばし》。現在は地名としては残っていないが、地下鉄の駅などがあり、橋を渡った対岸の中之島《なかのしま》は、日本銀行大阪支店や大阪市役所といった公的機関をはじめ、有名企業のビルが立ち並ぶ大阪経済の中心地である。

「淀屋」は岡本三郎右衛門という武士が開いた店の名であり、天正《てんしょう》十三年（一五八五）に大坂十三人町（大阪市中央区）に材木店を開業したことに始まる。大坂城ができてから二年あまりの頃。城は完成しても町はまだ建設中で、建築ラッシュの中、木材は売れに売れ、店は瞬《また》く間に大きくなっていく。文禄《ぶんろく》三年（一五九四）、淀屋は豊臣秀吉に伏見《ふしみ》城の築城工事を命じられ、その後、淀川堤《よどがわづつみ》の普請、中之島の造成などに参加する。淀屋の屋号は、読者諸氏もお察しの通り、淀川の工事に参加したことに由来する。

その後、米の売買にも乗り出し、加賀・前田家の売買を任されるようなり、これに関連する倉庫業や海運業も始めた。江戸時代になると、西日本だけでなく、日本海側の大名も大坂に米を送って現金に換えるようになる。淀屋は秀吉が亡くなると、豊臣家に見切りをつけ、大坂の陣の際には、徳川家康に味方して茶臼山《ちゃうすやま》（大阪市天王寺区）に本陣を築いたとされる。そのかいもあって家康は大坂の陣で勝利し、淀屋は家康から信用を得た。

やがて、淀屋は幕府の許可を得て各大名の米の販売をおこなうようになる。ほかの豪商たちは、リスクを怖がって手を出さない。そのため、十三人町にあった淀屋の屋敷で米市が開かれるようになった。この頃、諸藩の米屋敷は大坂の中之島にあった。蔵屋敷とは大坂に運ばれてきた各藩の米を管理する施設のことで、淀川の中州《なかす》であった中之島は、船が荷物の積み下ろしをするに適した所であった。二代目の淀屋言當《げんとう》は中之島と自分の屋敷を行き来するのに便利なように自腹で橋を架けた。これが冒頭の淀屋橋である。この米市がのちに堂島に移動して、堂島の米市として全国の米価を決めることになった。

言當は米以外にも、米の売買に進出してきた商人たちを相手に両替を始めた。そのかたわら京橋《きょうばし》南詰めで野菜を商う商人たちを集めて市を開かせた。これが後世、天満《てんま》の青物市になった。

このように、江戸時代の大坂経済に大きな影響を及ぼした淀屋であったが、宝永二年（一七〇五）、突然、幕府から全財産を没収される闕所《けっしょ》と追放刑である所払《ところばら》いを言い渡される。驕《おご》り高ぶり贅沢《ぜいたく》をしたというのがその理由であったが、一説では年間に浪費した額は今の金額で百億円は下らなかったという。

〈五〉武人から商人になった「鴻池」

鴻池屋初代は闘将の忘れ形見

淀屋のように幕命によって取り潰された豪商がいる一方で、令和の現在でも脈々と生き残っている商家もある。「鴻池《こうのいけ》」もその代表格であろう。

鴻池の祖は、山中鹿之助《やまなかしかのすけ》こと山中幸盛《ゆきもり》。中国地方の覇権をめぐり毛利《もうり》家に下った後も主家の尼子《あまこ》家復興のために獅子《しし》奮迅《ふんじん》した戦国武将だ。遺児の直文《なおふみ》は父の死後、大叔父《おおおじ》（荒木村重《あらきむらしげ》家臣の山中信直《のぶなお》）に摂津《せっつ》国鴻池村（兵庫県伊丹《いたみ》市）で育てられ、長じると武士の身分を捨てて商人になった。

慶長五年（一六〇〇）、酒の販売を開始した。伝承によれば、ある時、奉公人が主に怒られたことに腹を立て、酒の中に灰をぶちまけた。すると、それまで濁《にご》っていた酒が澄み、味も向上したのが清酒誕生のきっかけになったらしい。鴻池の造る清酒は評判となり、近郊だけでなく遠くからも引き合いが来るようになった。鴻池は酒を運ぶために海運業にも乗り出した。こうして大きな富を得た鴻池はそれを元手に、明暦《めいれき》二年（一六五六）、両替商になると、醸造業や海運業からは手を引くという思い切った転身を図った。

こうした転身には、岡山藩の年貢米の管理や販売を任される蔵元と、売却した代金を管理し、必要に応じて国元や江戸に送る仕事をする掛屋《かけや》を務めることになったのが大きい。岡山藩に加えて広島藩でも掛屋を請け負った。こうした付き合いを通じて財政が苦しくなった大名家に対して、蔵屋敷に収められている年貢米などを担保に金を貸すようになる。やがて、幕府から「十人両替」に任じられるまでになった。十人両替とは幕府の公金を扱う役目で、両替商の中から選ばれた。

さらに宝永元年（一七〇四）、鴻池は儲けた金で新田開発に乗り出した。新しく作られた土地は鴻池新田と呼ばれ、ここを農家に耕作させて、経営のために鴻池会所を設け、小作料を上納させたのである。大名貸しは貸し倒れの危険があり、十人両替は幕府から献金を命じられ、さらには何かの拍子に「贅沢だ」との理由から突然取り潰されるなどリスクがあったから、保険として新田開発は大事な事業であった。

幕末には総資産は銀五万貫、およそ一千億円に達したと伝わっており、明治維新期には、大名に貸していた金が回収できなくなるなど大きな痛手を被ったが、新政府に協力するなどし、明治時代に大阪で設立された企業の多くにかかわり、影響力を持ち続けた。

〈六〉巨万の富を使い果たした「奈良屋」

四千八百億円を吉原で使い尽くす

紀伊国屋文左衛門と吉原で豪遊対決をしたなどの伝説が残る江戸時代の伝説の商人である奈良屋茂《ならやも》左衛門《ざえもん》。紀伊国屋文左衛門が「紀文」と呼ばれていたように、奈良屋茂左衛門は「奈良茂」と呼ばれていた。

実は、奈良茂と呼ばれていたのは一人ではなく、五代目までいて、紀文と張り合ったのはこのうちの四代目の勝豊《かつとよ》だという。二代目は車引きをしていたなどともいわれるため、まさに成り上がりである。

奈良茂が有名になったのは、天和《てんな》三年（一六八三）の日光東照宮の大修理を請け負ったことにある。工事には節《ふし》のない檜《ひのき》の大木が必要であった。当時、こうした材木を扱っていたのは木曽檜問屋の柏木伝右衛門のみであった。ライバルが柏木と話をつけて入札したのに対し、奈良茂はあえて柏木を無視した。柏木はこれを商機と檜の値段を破格に上げたため、奈良茂以外は入札の額面をアップせざるを得ず、結局、一番安い値をつけた奈良茂が落札した。いざ、工事開始にあたり、奈良茂は柏木に檜を用意してくれるように申し込んだところ、柏木から「節のない檜はない」とけんもほろろに断られた。奈良茂はこの顚末《てんまつ》を町奉行所に知らせ、「御用をよりよく務められるよう、柏木に命じてもらいたい」と申し出た。はたして、町奉行所の同心が柏木の店に行ってみると、大量の節なしの檜を発見。幕府は虚偽の返答をした柏木を非協力的と断罪して、柏木は島流しとなった。

主人が島流しになった上、店は取り潰しになってしまったから、奈良茂は柏木に代金を支払うことなく、檜をまんまと手に入れた。さらに柏木が所有していた二万両（二十四億円）分の材木もいつの間にか奈良茂のものになっていた。

こうして巨万の富を得た奈良茂は、紀伊国屋文左衛門に肩を並べる存在となったのである。この後も材木商として活躍し続ける。

正徳《しょうとく》四年（一七一四）に病気で亡くなる直前に遺言書が作られ、遺産分配が明記されている。これによると、江戸市内に三十カ所もの家を所有するなどして総金額は十三万二千五百三十両（百五十九億三百六十万円）にのぼる。このほか相当な数の唐物《からもの》道具（輸入した高価な品物）を持っていたので、これを金に換算すると、さらに金額が跳《は》ね上がる。

一説には四十万両（四千八百億円）ともいわれる遺産を引き継いだ五代目は、これを吉原で使い尽くし、三十歳で亡くなったという。

〈七〉武士より強くなった高利貸

俸禄米を現金化し、米をカタに金を貸す

江戸時代に創作されたヒーローの中で一番人気があったのは、おそらく助六《すけろく》だろう。最新ファッションに身を包み、もちろん女性にはもてるが、しっかり者の恋人がいる。遊び人に見せかけて、復讐《ふくしゅう》のために仇《かたき》を探している男という設定だ。

その出《い》で立《た》ちが、蔵前《くらまえ》風の髷《まげ》に黒紋付《くろもんつき》、さらに黄色い足袋《たび》をはき、頭には江戸紫の鉢巻《はちまき》を巻いているという恰好《かっこう》だ。一見すると奇抜なファッションだが、江戸の札差連中が助六を真似《まね》していた、または助六を気取っていたともいわれている。

札差は、幕臣が俸禄（給金）として支給される米を代わって受け取り、その米の換金を生業《なりわい》としている商人である。御蔵役所の藁束《わらたば》に手形を刺して米が支給される順番待ちをすることから札差と呼ばれるようになったといわれている。誰もがなれるわけではなく、幕府から許可をもらわなくてはならない。

札差が米の換金で幕臣から受け取る手数料は、次の通りだ。米の受け取り代行が米百俵につき金一

分。一分は一両の四分の一となるから、三万円となる。この米を売却する手数料が百俵につき金二分（六万円）。よって、手数料だけだと小金しか稼げない。

しかし、札差には金に糸目をつけないエピソードがたくさん伝わっている。自分の髪形をあざ笑った髪結床《かみゆいどこ》の客に腹を立て、腹いせに髪結床を打ち壊《こわ》し、詫《わ》び料として二十両（二百四十万円）を置いて帰った。あるいは、奢侈《しゃし》をとがめられて牢屋に入ったが、牢内で親切にしてくれた囚人に御礼として百両（千二百万円）を渡したなど、吉原の豪遊もかわいくなる金づかいである。

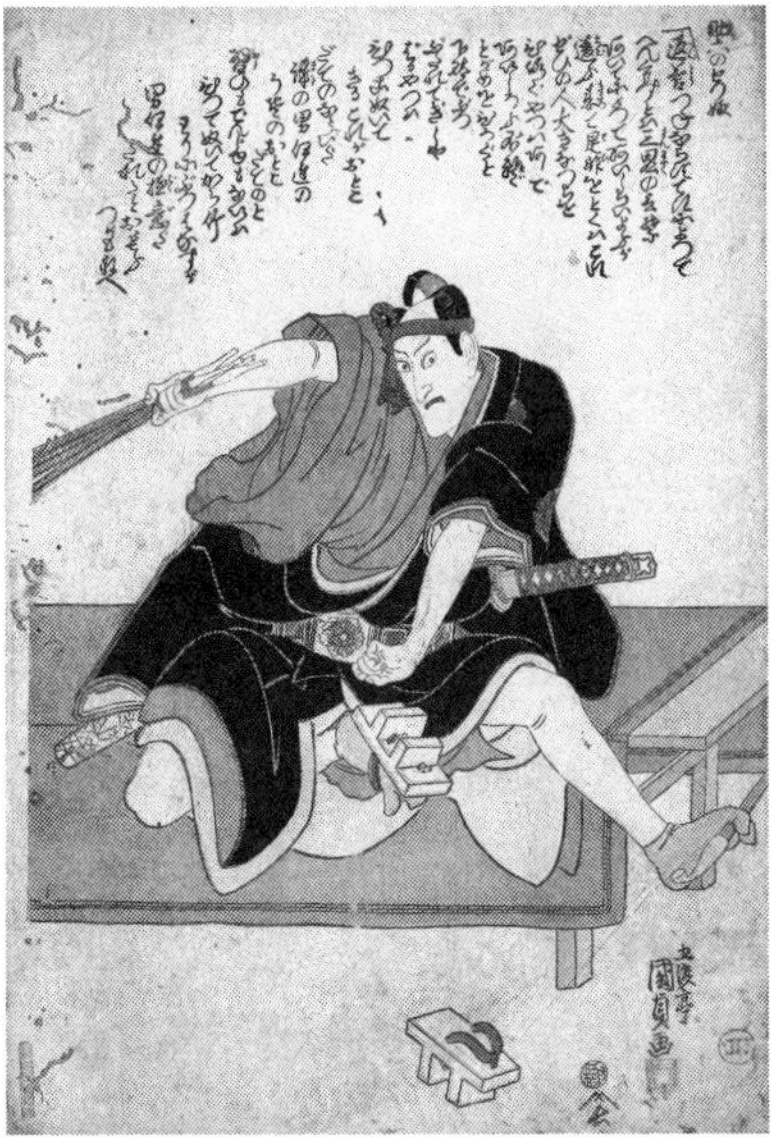
札差が真似をした「助六」の出で立ち（『助六所縁江戸桜』都立中央図書館蔵）

では、こうした金はどこからわいてきたのだろうか。彼らは生活が困窮する幕臣に、俸禄米を担保に金を貸し付け、その利子で儲けたのである。利子率は享保九年（一七二四）に組合（札差株仲間のこと。定員一〇九人）ができた段階で、年利二十五パーセントから二十パーセントに下げたが、幕府はさらに下げるように命じた。札差らは相次ぐ利率の引き下げ要求に不服を申し立て、結局、年利十八パーセントで落ち着いたのである。利率は下げられたが、借り手が減ることはなく、札差商売が儲かることはまぎれもなかった。新規に参入する場合には、空いている株（札差商売をおこなう権利）、もしくは株を売りたい札差からじかに買わなくては、既得権益は入手できなかった。

いったんは下がった利子だが、「貸す方と借りる方の双方で話し合うように」との注記もあったため、徐々に金利が上がり、寛保《かんぽう》二年（一七四二）には、享保以前の金利に戻っている。

借金はなかったことにしろ！

金利が下がっても幕臣の借金苦は改善されないどころか、苦しくなる一方である。老中に就任した八代将軍徳川吉宗《よしむね》の孫で、白河《しらかわ》藩主の松平定信《まつだいらさだのぶ》は、尊敬する祖父を真似て改革に乗り出した。俗にいう寛政《かんせい》の改革である。

改革の一環として、札差たちが困窮する幕臣たちに高い金利で金を貸し付けて暴利をむさぼり、遊興にふけるのはけしからんと、寛政元年（一七八九）、棄捐令《きえんれい》を出した。天明四年（一七八四）以前の借金は無条件に破棄、また、それ以降の年利は六％にするようにと命じる法律だった。札差にとって棄捐令は大打撃となった。一方的に放棄させられた金額は、金百十八万七千八百八両三分（千四百二十五億三千七百三十万円）あまりにのぼった。また、入るはずの利子も激減することになってしまい、実害はこの数倍になった。

さて、江戸の経済に関する書籍には、これに懲《こ》りて札差は武士に金を貸さなくなったと書かれているが、そんなことはなかった。札差が廃業、もしくは幕臣に金を貸さなくなれば、その実、一番困るのは借金をしなければ生活できない幕臣たちだからだ。

そこで、幕府は札差に対して、幕臣に貸し付けるプール金の意味合いだろうか、御救金《おすくいきん》という名目で利息付一万両（十二億円）、無利息一万両（十二億円）を貸し付けた。貸し付けたということは、札差にとっては借金である。札差の頭数で割れば一人当たり、二百両（二千四百万円）弱の借金を札差らは背負う計算となった。

そのためか、天明の頃（一七八一～八九）には、札差の株価が貸与で三百両（三千六百万円）、買い取りで五百両（六千万円）だったのに対し、文化年間（一八〇四～一八）には、貸与で五百両（六千万円）から六百両（七千二百万円）と借金分が上乗せされることになった。

この後、確かに貸し渋りはあったようだが、幕臣たちは以前のように札差からの借金を重ねており、天保《てんぽう》十四年（一八四三）に同様の法令が出されているが、こちらは限定的であった。

二回にわたる幕府の介入があったものの、人々にはおいしい仕事と思われたようで、嘉永《かえい》六年（一八五三）には、札差の株は千両（一億二千円）にまで跳ね上がり、千両株と呼ばれるようになったと伝えられている。

〈八〉志士のパトロン「大浦慶」

日本茶の輸出の可能性を信じて巨万の富を築く

幕末の長崎。まだ開国もしていない時期に日本茶を世界に紹介し、巨万の富を手に入れた商人がいた。名は大浦慶《おおうらけい》、女性である。

大浦慶は、文政《ぶんせい》十一年（一八二八）、長崎油屋《あぶらや》町《まち》（長崎県長崎市）で代々油屋を営む大浦太平次の長女として生まれた。十六歳の時に長崎で五百二十六戸が焼失するという大火があり、大浦家も被害を受けた。もともと家業の油の専売は陰りを見せていたこともあり、これをきっかけに茶の輸出を試みる。嬉野《うれしの》（佐賀県嬉野市）で作られる茶は、もともとは室町《むろまち》時代に明《みん》国から茶葉と製法が伝わったものであり、時代を経《へ》た清《しん》国でも好評だった。そこで、嬉野茶を上中下と等級に振り分けた見本を一斤《いっきん》（この時は約九百三十八グラム）ずつ計三斤を一セットにし、これをイギリス、アメリカ、アラビアへ送るよう、オランダ出島の商人のカール・テキストルに託したのである。嘉永六年（一八五三）、ペリー来航の直前だった。

ペリーが来航したことにより、日本を取り巻く世界情勢が大きく変わる。安政《あんせい》三年（一八五六）八月、イギリス商人W・J・オールトが見本を携えて長崎にやって来ると茶を買い付けたが、その量が慶の予想を大きく上回った。当時の九州では茶の生産は盛んではなく、慶は九州中を駆けずり回って茶をかき集め、この注文に応じた。その一方、茶の生産に力を入れるように農家を説得し、場合によっては資金の援助もした。幕末明治期に日本が外貨を獲得するため、養蚕紙《ようさんし》・生糸《きいと》・絹と並んで茶が盛んに輸出されたが、その先鞭《せんべん》をつけたのである。

慶が農家を説得したことにより、茶の生産量が飛躍的に伸び、日本の貿易を牽引《けんいん》するようになり、大浦家の再興も果たすことができた。

輸出業で得た莫大《ばくだい》な利益を使い、慶は幕末の志士を援助した。坂本龍馬をはじめ陸奥《むつ》宗光《むねみつ》、大隈重信《おおくましげのぶ》、松方正義《まつかたまさよし》らのパトロンになったのである。生涯独身であったこともあって、商売敵に志士との醜聞《しゅうぶん》もまき散らされたようだ。しかし、慶は志士との交流をやめなかった。面倒を見た志士が政府の要職につけば、自分を引き立ててくれる。その先行投資だと考えればお安いものだった。

晩年、妬《ねた》みを買い、裁判で負けて千五百両（一億八千万円）を支払わなければならなくなり、財産とともにそれまで築いてきた商人としての信頼までも失ってしまった。それでも先行投資の意味はあったようで、明治十七年（一八八四）、政府は茶貿易の功績を認め、慶に功労賞と金を送っている。息を引き取るわずか八日前のことであった。

コラム

幕府の埋蔵金　小栗上野介の行動が伝説を生む

徳川埋蔵金伝説は、慶応四年（一八六八）一月十五日、勘定奉行の小栗上野介《おぐりこうずけのすけ》が突然に罷免《ひめん》され、領地であった上野国権田村《ごんだ》（群馬県高崎市）に帰ったことに端を発する。

同年三月、江戸城に入城した新政府軍は金蔵を漁《あさ》るが、あると思われた御用金がないことに苛《いら》立《だ》ちを隠せなかった。納得がいかない新政府は、「小栗は御家の財宝を隠すために下野したのではないか」と勘繰《かんぐ》った。平成の時代になり、テレビ局で大がかりな埋蔵金の発掘調査がおこなわれたが、いまだに発見されていない。

ちなみにこの埋蔵金らしきものについて、勝海舟が日記に書き残している。その額、軍資金三百六十万両。一両十二万円で計算すれば、四千億円近くになる。明治新政府の国家予算が現在の金額で千六百億円ほどといわれるので、財政難で苦しむ新政府にとって喉《のど》から手が出るほど欲しかったに相違ない。

第五章　庶民の商才

〈一〉現金収入が博徒を生んだ？

江戸から買い付けにやってくる

平成二十六年（二〇一四）に世界遺産に登録された富岡《とみおか》製糸場は、明治五年（一八七二）に開場された日本初の本格的な機械製糸工場。最初は官営であった。ここで技術を身に付けた工女たちは、この後、日本各地に造られた製糸工場に送られ、その技術を広めて外貨獲得に大いに貢献した。

では、なぜ群馬県の富岡という、東京から近いとはいえず、また、外貨獲得のために製品を輸出する港から遠い場所が選ばれたのだろうか。最たる理由は、付近一帯が江戸時代に養蚕《ようさん》が盛んな土地柄であったに尽きる。富岡市がある上野国で生産されていた絹織物は上州絹といい、江戸時代には布団《ふとん》や夜着、下帯（ふんどし）に使用されていた。このほか、江戸近郊では武蔵国《むさし》（埼玉県・東京都・神奈川県）も養蚕が盛んであった。

上野や武蔵で作られた生糸や織物は、富岡にほど近い藤岡で取引されることが多かった。藤岡は下《しも》仁田《にた》街道と十石街道《じゅっこくかいどう》が交差する上に中山道が通る交通の要衝。人びとが行きかい、町の至るところで市が立つ。六斎市といって市が月に六回立つのが基本であったが、中には月に十二回も市が開かれるほど、取引は盛んであった。農民たちは農業の合間に市に行き、作っておいた生糸《きいと》や織物を売り、貨幣を手にした。江戸周辺でこれほど貨幣経済が進んでいた所はほかになかった。

こうした市には、呉服店の江戸店《えどだな》からベテラン店員が買い付けに出向き、一つ一つを見極《みきわ》めて仕入れていく。藤岡にやって来る大店《おおだな》と呼ばれる呉服店は、白木屋《しろきや》、越後屋《えちごや》、大丸屋《だいまるや》、戎《えびす》屋、布袋屋《ほていや》、松坂屋《まつざかや》など四十軒に及んだという。今のように工業化しているわけではないため、品質は一定ではない。しかしながら、そこを見越してあまりに値切ると、ライバル店に取られてしまう。この買い付け役は駆け引きが難しく、それにともなうトラブルや誘惑も多かった。リスクを回避するべく、無用な人との付き合いは慎《つつし》むようにと江戸店から買い付けに向かった店員に対して注意を促す文書も残っている。

こうして買い付けた絹糸は、江戸店ではなく、京都へ送られた。絹織物の生産地として最も有名なのは古くから京都で、伝統に裏打ちされた優《すぐ》れた技術を有していた。残念ながら、富岡近辺で作られた絹糸は、技術的に未熟で、そのままでは上質な絹織物として使えなかった。そのため、京都へ送り、練・染・張と呼ばれる加工を施した。

呉服屋による藤岡で買い付けが盛んになると、農民と呉服店の間を取り持つ仲介業者が現れた。こうした業者を藤岡では「絹宿《きぬやど》」、もしくは「買宿《かいやど》」と呼んでいた。藤岡では有力者が絹宿となり、呉服店の江戸店と密に連絡を取り合った。ただし、絹宿を務めるのは地元の有力者であったので多忙でもあり、主《あるじ》自ら対応することがなかなかできない。そこで、「場造《ばぞう》」が実務を担うことになった。呉服店では、絹宿を訪れる際、場造に祝儀を渡すなど、大切な関係者として扱った。

絹を売った金の使い方

普通、農家に金が入るのは年に一度、米が収穫できる秋だ。しかし、紡《つむ》いだ糸や織った布を市で売れば、その場で金を手に入れることができる。ちなみに藤岡では幕末明治期には絹太織物《ふとおりもの》の生産が金千両（一億二千万円）あまり、生糸《きいと》が一万二千両（十四億四千万円）あまり、蚕種《さんしゅ》が五千両（六億円）あまりの売り上げがあったという。つまり、現在の価値に直すと二十億円以上の金が動いていたのだ。

映画・演劇で民衆の味方に仕立てられた博徒の国定忠治（『わしが国さ』国立国会図書館蔵）

家の中で蚕《かいこ》を飼い、糸を紡《つむ》ぎ、いざり機《ばた》と呼ばれる織機《しょっき》で織って布にするまでは古くから女性の仕事であった。そのため、生糸や織物を売りに来るのは女性が多かった。しかし、量が多いと女性だけでは運ぶのが困難なことから、中には旦那《だんな》に絹を背負わせてやって来る女房もいたというが、たいてい商いには女性が来た。男性が売りに来た場合は、手に入れた金で飲んだり、女遊びに使ってしまったりすることも背景にあったようだ。

男性の道楽といえば「飲む、打つ、買う」。このうち、特に上野では賭博《とばく》が盛んであった。頻繁《ひんぱん》に市が立ち、現金の入りやすかった上野では早くから賭博がおこわれていた。また、中山道をはじめ街道を使って他国からも人々が入り込んで来ていたことも、さらに拍車をかけた。大祭には高市《たかまち》といって博打《ばくち》が黙認されていたことも大きいだろう。高市では他国からも参詣客がやって来て露天で博打をおこなった。また、農民たちを集め、博打に勝てば今年の養蚕は当たりといって、お金を巻き上げるようなこともあった。

賭博というと、時代劇でよく見る丁半《ちょうはん》博打などサイコロを使用する遊戯を思い浮かべるかもしれないが、富岡近辺は鳥獣駆除で年中鉄砲を撃つことが許されていたため、賭的《かけまと》といって金を賭けて的を撃つ博打が盛んにおこなわれていたという。やがて、こうしたことが取り締まりの対象となり、賭けに使っていた鉄砲を武器にして抵抗するようになり、国定忠治《くにさだちゅうじ》を生むことになる。

〈二〉「ブランド野菜」でガッチリ

東京都板橋区の農家の懐具合

江戸時代の農家の懐具合はどうだったのか。嘉永《かえい》元年（一八四八）に刊行された随筆『柳 葊雑筆《りゅうあんざっぴつ》』に農家の事情が描かれている。場所は武蔵国豊島郡徳丸村《むさしのくにとしまぐんとくまるむら》。今の東京都板橋区になる。

繁忙期には人を一人雇うこともあるが、基本は夫婦二人で、田んぼ一町《いっちょう》（約十アール＝野球グラウンドくらいの広さ）を耕して採れる米は約二十石（二百四十万円）。裏作で麦を作り、これが六石（七十二万円）採れた。ほかに畑五反《たん》（約五アール）で大根を二万五千本ほど作っている。

米は五石が年貢で、五石を地主へ納め、残りの十石は自家用とする。大根の売り上げは、百三十五貫。四貫で一両として三十三両三分（四百五万円）となる。しかし、肥料代が五十貫、つまり十二両二分（百五十万円）。ほかにも舟賃と書かれてあるのは大根を運ぶ代金だろうか。これが二両二分（三十万円）、さらに運賃とは陸送だろうか。これが四十貫で十両（百二十万円）。畑も年貢の対象となるので、これが三貫で三分（九万円）となる。

実収入は、自家用とするための米十石と、大根の売り上げから経費を引いた二十五貫七百五十文

（七十七万二千五百円）。麦の代金を嘉永元年一月の相場、一石約八十一匁《もんめ》で計算すると、約九十七万二千円となる。トータルの手取りは二百九十四万四千五百円となる。

ここから夫婦の食糧として麦三石六斗、米一石、臨時雇い分が麦一石八斗と米が五升、正月の餅代《もちだい》が三斗、籾種《もみだね》として一石、親類などとの会食費などが二斗となり、米が七石二斗に畑からの現金収入を合わせても、必要経費と食費を引くと、十二両（百四十四万円）程度しか残らない。塩・茶・油・紙などの代金が約二両（二十四万円）、農具や家具の費用が同じく約二両、薪《まき》や炭の代金が約一両、衣料費が約一両二分（十八万円）、年末年始や節句などの費用が約二両、臨時雇いの費用が一両二分、親戚などとの交際費が約一両で、合計するとおおよそ十一両となり、病気になって一〜二カ月も働けなくなると、生活ができなくなってしまうし、医者にかかる代金もないと書いている。

江戸時代は農家が作る米が経済の中心であった。そのため、農民は作った米の何割かは年貢として領主に納めなければならない決まりになっていた。しかし、日本全国各地で米が採れるとは限らない。もちろん、米が採れないからといって年貢を納めなくてよいというわけではなく、相応の量の米を購入して納めたり、この徳丸村の農家のように金で納めたりした。

「練馬大根」「小松菜」……副業で大儲け

では、生活費を得るために関東近郊の農家は何をしていたかというと、漬物やおかずになる野菜を作っていた。特に有名だったのが、練馬《ねりま》（東京都練馬区）周辺で作られていた大根で、産地の地名を採って練馬大根と呼ばれた。天明《てんめい》三年（一七八三）、歌学者の戸田茂睡《とだもすい》が地誌『紫の一もと』で練馬大根を料亭の御《ご》馳走《ちそう》として紹介している。練馬大根は江戸時代中頃からブランド野菜として認識されていたようだ。また、この大根を使った沢《たく》庵漬《あんづ》けは、江戸の名物でもあった。先述の徳丸村は今では東京都板橋区のエリア内だが、区界に近く、ここから南下するとすぐ練馬となるから、この夫婦が作っていた大根もおそらく練馬大根だったのだろう。

練馬大根ほど有名ではなかったが、三河島菜《みかわしまな》、小松菜《こまつな》、谷中《やなか》しょうが、滝野川《たきのがわ》ゴボウ、滝野川人参《にんじん》、内藤《ないとう》とうがらし、早稲田《わせだ》茗荷《みょうが》、駒込《こまごめ》ナスなど、現在の二十三区内でたくさんの野菜が作られていたのである。農家自身が市中まで野菜を売りに行くことも多かった。売りに出た農民たちが一息つく場所があった。現在の東京都文京区本駒込付近で、ここでは求めに応じて野菜を売ることがあり、その評

練馬大根発祥地近くの石神井で商いをする大根売り
（『江戸名所図会』国立国会図書館蔵）

判を聞きつけて人々が集まるようになり、やがて市が立つようになった。ゴボウや里芋《さといも》を土がついたまま販売していたので、土物店《つちものだな》と呼ばれていたそうで、その記念碑が立っている。この少し北側、江戸時代の中山道沿いには農家が多く、ここを行きかう旅人が畑に植わっている珍しい野菜の種を求めることがあり、それに応じて売るうちに副業として種の販売を始めた。明治時代には巣鴨の一里塚(現在の巣鴨のとげぬき地蔵周辺)には、種問屋が集まり、さながら種屋街道のようになったという。

一方、現在の八王子(東京都八王子市)周辺では、養蚕が盛んにおこなわれていた。この辺りの土は痩《や》せていて稲作には適さないものの、蚕が食べる桑《くわ》の葉を育てるのには適していた。また、蚕は卵からかえって一カ月ほどで繭《まゆ》を作り、糸を採ることができるのも魅力であった。卵の状態(養蚕紙《ようさんし》)でも、糸でも、織物でも商品になった。特に幕末の開港後は、八王子から盛んに横浜に向けて絹が運ばれていった。八王子からだと、江戸へも横浜へも距離はさして変わらない。八王子の農家は、江戸の豪商に仲介料を搾取《さくしゅ》されることなく、じかに金を手にしていたのである。

江戸時代の農家たちは、このように米だけを作っていたわけではなく、そのかたわらで様々な作物を育てて、現金収入を得ていた。

〈三〉奉公人出世すごろく

年功だけでは出世できず

越後屋、白木屋、大丸屋、松坂屋など江戸にあった呉服店には、ある共通点があった。江戸にあった店は江戸店と呼ばれる江戸支店で、本店は近江《おうみ》や伊勢、京都など上方《かみがた》にあることが多く、江戸の店で働く奉公人は本店で採用された者ばかりだった。たいていの場合、十一〜二歳くらいで採用された少年たちが十人以上、春と秋の二回、上方から江戸に下って来る。江戸時代の都は京都なので、上方から見ると江戸行きは下りになる。

さて、ここからは現在、商業ビル「コレド日本橋」が立っている場所（東京都中央区日本橋）にあった江戸三大呉服店の一つ、白木屋を例に取って解説していこう。

白木屋の本店は京都にあったが、主《あるじ》が近江の長浜《ながはま》（滋賀県長浜市）出身であったため、この周辺から跡取りでない男子が集められ、江戸にやって来る。採用の時点で、商品の仕入れや販売にかかわる者と、家事などに従事する台所衆とに分かれる。台所衆は店の方にかかわることはなかったし、その逆もなかった。また、台所衆は「台所頭」という台所衆のトップが唯一の役職で、それ以外の役職につくことはなかった。

店の奉公人は店の二階などで集団生活を送る。店に入ったばかりの頃は子どもと呼ばれ、仕事らしい仕事はなく昼は掃除や雑用をこなす。夜は読み書き算盤《そろばん》に励まなければならない。帳簿をつけるのにどうしても必要だからだ。店に入って二年目くらい十五歳の時分で、前髪を落とし、子どもの名前から大人の名前に改める。いわゆる元服《げんぷく》である。もちろん、ここまで来る間に病気で上方に返されることがあった。中には素行不良、向き不向きで解雇される者もいたようだ。

広重の手による「日本橋通一丁目」。現在、この地には「コレド日本橋」が立つ。右に描かれているのが白木屋店前(『名所江戸百景』国立国会図書館蔵)

元服がすむと、若衆と呼ばれるようになり、給与が支給される。それまでは、衣食住は保証されているものの、無給であった。元服後三年目まで年間四両（四十八万円）、四年目以降五両（六十万円）に昇給する。ただし、給料を支給されるのではなく、一年間に使える額が給料として決められていたようだ。店から支給される物以外の服や小物、食べ物を買うのには店を通す決まりとなっており、その代金が給料から引かれ、残った分は積み立てられたようである。

さて、入店九年目になると、「初登り」といって京都の本店へ行き、その後、故郷に帰ることができた。ちなみに十六年目には「中登り」が、二十二年目に「三度登り」があり、その後、支配役まで務めた人が江戸店を退職して故郷に帰る「隠居仕舞《じまい》登り」という、まさに故郷に錦《にしき》を飾る行事もあった。春、夏、秋の年三回に分けて実施され、この時の費用や故郷への土産物《みやげもの》には細かい規定があり、初登りと隠居仕舞登りは店が負担し、中登りと三度登りは自己負担となっていた。

初登りを終えて帰ってくると、若衆から手代《てだい》へと出世する。手代になると、毎年一月末日と、八月二日におこなわれる人事異動によって、様々な職場を体験する。売場役、外出勤役、屋敷番役、買役《かいやく》(仕入れ役)、田舎役(江戸以外の顧客を担当)などがあり、買役になった場合には、給料が六両(七十二万円)に増額された。

手代までは年功序列で出世できるが、手代以降はそうはいかなくなり、奉公人の多くは手代で終わる。この上の役職であるが、年代によって異なるが、一番多かった時を取り上げると、小頭《こがしら》役が十人、年寄《としより》役が五人、支配役が三人もしくは四人となっている。十八世紀後半には江戸店だけで百九十人近くいたというから、役職付きになるのは狭き門であった。中には京都本店に登り、勤番役や詰番役になるようなエリートもいたという。ちなみに、支配役の給料は十両(百二十万円)だった。

ほかの店では、ある程度出世すると店の外に家を借りてそこから通うことが許されていたが、白木屋では、奉公人はすべて住み込みとなり、店に勤めている限り結婚することはできなかった。

退職金あれこれ

子どもの頃、病気や素行不良などで店を辞《や》めざるを得ない者がいたと書いたが、その後も使い込みなどで辞めさせられる者や店から出奔《しゅっぽん》してしまう者、病で亡くなる者もいた。その一方、出世の見込みがないからと見切りをつけるか、別の道を見いだしたか、それとも結婚するためか、二十代から三十代ぐらいで辞める者も多かった。二十三年以上勤めた者が退職する時には、恩賞金つまり退職金が五十両（三百万円）、支配役の場合には百両（千二百万円）支給された。さらに支配役には、銀百十匁（約二十二万円）という最上級の白紬《しろつむぎ》一疋《いっぴき》と銀六十匁（十二万円）の生絹《すずし》一疋が餞別《せんべつ》として贈られている。これは勤続年数などを考慮して決められたようだ。

なかには、別家を任される者もいた。ただし、店で扱う商品などに本店の意向が反映され、さらには、冠婚葬祭や災害の時には手伝いに行くことが義務づけられるなど、本店との絆《きずな》は切れることはなかった。

〈四〉 俳諧師の旅事情

同じ習うのなら上手な先生がいい

人気テレビ番組の影響からか、それとも家時間が増えたからか、近年俳句が静かなブームだという。紙とペン、それに句を読むのに欠かせない季語事典さえあれば、誰でもすぐに始められるし、作るだけなら一人で楽しむことができる。

しかし、一句作れば他人に見てもらいたくなるのが人情である。今なら、テレビやラジオ、新聞や雑誌、あるいはSNSに投稿する手もあるだろう。また、気の合う仲間と句会を開いて、お互いの作品を発表し合うのもいいかもしれない。さらに上手になりたい人は、先生について本格的に習うようだ。カルチャーセンターや大学の市民向けの講座は気軽に通えるため、多くの俳句愛好家が集まっている。

江戸時代、人々の生活が裕福になると、文化的な活動が盛んになった。中でも俳諧《はいかい》は、裕福な商人たちからの支持を受け、愛好者の集まりがいくつも生まれている。地方にいる愛好家は、江戸からわざわざ高名な俳諧師を招いて会を催《もよお》したのである。

今、私たちが俳句と呼んでいるものは、連歌《れんが》が変化したもので、連歌は短歌から生まれたものだ。短歌は五七五の長句（上句）と、七七の短句（下句）からなっている。短歌は一人で両方を詠《よ》むのだが、連歌は五七五の長句と、七七の短句を基本的には別の人が詠む。これを二人もしくはそれ以上でさらに続けて読んでいく。もともとは短歌の余芸だったのが、中世には独立した文芸となった。

それが江戸時代になり、滑稽味《こっけいみ》を帯びた連句《れんく》と変化する。連句のことを俳諧ともいった。一人で読み続ける独句というものはあったが、これは特殊な例で、その場に集った人々によって、五・七・五の長句と七・七の短句を交互に連作していった。百句が一単位であったが、江戸時代の中頃、松尾芭蕉《まつおばしょう》が活躍する頃には、三十六句が一つの区切りとする「歌仙《かせん》」と呼ばれる形式が主流となっていた。歌仙は平安期の代表的歌人三十六人にちなんでいる。

連句の最初の一句目を発句《ほっく》という。発句は会に招かれた客人が挨拶《あいさつ》として読むもので、この句によって全体のよしあしが決まることも多かった。この発句を切り取ったものが、のちに俳句になった。

現在の句会は、事前に決まったテーマに沿って作った句を持ち寄るようだが、連句では相手の句を受けて自分の句をひねり出さねばならない。しかも、読み込む事柄に細かいルールがあったので、必然、連句にくわしい人＝俳諧師が会を導くことになる。芭蕉などの俳諧師はこのような会合に声がかかって顔を出すと、会の進行等をリードし、指導料で収入を得ていた。ただし、若い頃は俳諧師としての知名度が低く十分な収入が得られなかったようで、神田上水の工事に携わったとされている。

豪華旅行だった？「奥の細道」

さて、愛好家が「同じ習うのであれば有名な人に」と思うのは今も昔も同じ。こうしたことから、人気のあった俳諧師は日本各地に門弟を抱えた。

生前から絶大な人気のあった芭蕉には、庵《いおり》を結んだ江戸だけではなく、全国各地に六十六人もの門弟たちがいた。芭蕉が『おくの細道』をはじめ、人生の後半生を旅から旅へと明け暮れたのは、俳諧師として、創作意欲を掻《か》き立てられるような場所を訪れてみたいという気持ちもあっただろうが、全国に散らばる門弟のもとを訪れて会を開くためでもあった。また、行く先々で新しい門弟を増やしたいという考えもあったのかもしれない。

浮世絵師の月岡芳年が描いた旅姿の松尾芭蕉
（『月百姿』国立国会図書館蔵）

芭蕉が旅に明け暮れていた頃には、「知らない者に一夜の宿を貸すべからず」という布令が出ていた。しかし、信心《しんじん》からの旅はその範囲ではなかった。芭蕉が頭を剃《そ》り、托鉢《たくはつ》の時に使用する鉢《はち》を持ち、首から頭陀袋《ずだぶくろ》をかけ数珠《じゅず》を持つなど、いかにも僧のような姿をしていたのはこのためだと考えられている。

芭蕉を招聘《しょうへい》した門弟たちは、芭蕉の旅費や宿泊費、時には会場となった料亭の代金を支払って会に参加している。それは、当代一の俳諧師とともに、一緒に歌が詠《よ》めるというめったにできない体験を共にする代償であり、愛好家にとって決して高いものではなかったのだろう。

一方の芭蕉も常に短冊《たんざく》を持ち、句を書き付けた短冊を門人にプレゼントするという気配りも見せている。また、旅の途中では、門人ではないものの、地元の豪商や豪農が芭蕉を招き、教えを乞《こ》うこともあった。

こうした門人を訪ねて、芭蕉は旅を続けた。最後に芭蕉の一大紀行となった「奥の細道」。この旅費がいくらだったか計算をした人がいる。結論から言うと、百七十万円ほどだったようだ。興味がある方は、俳人で経済家の戸恒東人が書いた『いくらかかった「奥の細道」』(雙峰書房学術文庫)を読んでほしい。

〈五〉仕事が山積する「大家」の一日

多岐にわたった大家の仕事

現在の大家《おおや》といえば、土地やアパート、マンションなどを所有しているオーナーを指す。将来はアパートを所有して老後を悠々自適に暮らしたいという夢を抱いている方もいるかもしれない。

江戸時代の大家は、今の大家とは違っていた。大半は雇われ者である。オーナーというよりもマンションの管理人さんに近い存在だった。

基本、江戸の土地は徳川幕府のものである。武士が住んでいる土地は、幕府からの拝領地であるから、拝領屋敷とも呼ばれた。幕府の考え一つで、引っ越しになることもあれば、取り上げられてしまうこともあった。一方、私有が認められる人もいた。草分名主《くさわけなぬし》と呼ばれる町人である。片倉比佐子『大江戸八百八町と町名主』によれば、草分名主は家康江戸入りの際に三河《みかわ》（愛知県）・遠江《とおとうみ》（静岡県）から従ってきた者や家康江戸入り以前から居住していた者を指す。名主たちは所有の土地を人に貸したり、土地の上に建物を建て貸し出したりした。

土地を借りる人のことを地借《じかり》という。地借は借地に店を建てて商いをしたり、新家《しんや》を造って人に又貸したりすることもあった。また、土地家屋を所有せずに長屋などに住む人を店借《たながり》と呼んだ。地借や店借といった店子《たなこ》が住む家だが、広さは九尺《しゃく》二間《けん》。今でいうところの四畳半一間で、いちおうキッチン付き。トイレは共同で、風呂はなし。平屋の集合住宅が大半で、大工や棒手振り《ぼてふ》（行商人）などの庶民が住んでいた。本来なら、草分名主のような地主自身が、家を借りている地借・店借から賃貸料を回収する。しかし、地主がその場所に住んでいないこともままあった。また、地主は多くの公務を果たさなければならず多忙でもあり、賃料回収などを代行させていた。これが家主《いえぬし》で、大家や家守《やもり》と呼ばれることもある。

さて、家主の仕事だが、一番大切な仕事は、店借たちから家賃を回収して地主に納めることだ。普通は毎月末が期日であったが、その日に納められない者もいた。特に江戸時代も半ばを過ぎると、賃料を滞納する者が増えた上、空き部屋も多くなり、家主は地主に滞納している店借の事情を説明したり、空き部屋を埋めるために家賃の値下げを提案したりすることもあったという。そもそも賃料の回収率が悪いと家主本人がクビになり、おまんまの食い上げとなった。

家主の仕事は、家賃回収だけではない。江戸は百万都市であったが、その治安を守る町奉行所の役人の数は、南北二つの町奉行所合わせても三百人程度しかいなかった。この人数で江戸の町すべてを網羅《もうら》するのは無理で、町人の自治が重要な役割を果たすことになる。

まず、町奉行所から発布された町触《まちぶれ》は、町奉行配下の町年寄《まちどしより》に伝えられる。町年寄は村でいうところの庄屋《しょうや》のような役目を果たす町役人で、江戸府内では奈良屋、樽《たる》屋、喜多村《きたむら》の三家が世襲で務めることになっていた。町年寄は各町の責任者となる町名主を呼び出して、町触を伝える。町名主はさらに家主に、家主から店子へと伝達した。文字の読めない店子には家主がじかに読んで聞かせて周知を徹底している。

そのほか、家主は店子の訴訟に付き添うこともあった。また、家主は五人組をつくり、その中から選ばれた月行事《つきぎょうじ》と呼ばれる当番が、治安維持のために設けられていた自身番所に詰めた。その補佐をする書役《かきやく》もいた。この書役の給金は、一カ月五貫七百文というから一両一分七百文（十七万千円）になる。仕事内容はいま一つわからないが、この仕事だけで生活するのは厳しかっただろう。

高額で売買された権利

では、家主の収入だが、管理する物件の規模にもよるが、地主からもらう給金が大体二十両（二百四十万円）程度であったようだ。しかし、これが収入のすべてではない、新しく入居する者は、家主に樽代、礼金を持ってくることになっていた。現在も東京では、大家に礼金を支払うのが一般的だ。また、元日、三月三日、五月五日、七月七日、九月九日の節句には店借が家主に対して、付け届けをする慣習もあった。

さらに江戸時代は排泄物《はいせつぶつ》を肥料にしていたが、これを近郊農家が回収にやってきた。野菜と物々交換もあったが、売買が一般的であった。この代金は家主がもらうことになっていた。体が資本の仕事をしている大工が多く住まう長屋の排泄物は質がよいといわれ、高値がつくこともあり、三十〜四十両（三百六十万〜四百八十万円）と地主からの給金より多くなることもあったらしい。

もっとも、家主だけを仕事にしている者は少なく、下駄屋や小間物屋などの商いをしながらの副業が一般的であった。たとえば、江戸時代のベストセラー作家、曲《きょく》亭《てい》馬《ば》琴《きん》も大家の権利（株）を持っており、娘が結婚する時には娘婿《むすめむこ》に年間五両（六十万円）で貸し出している。その娘婿は、家主の仕事のかたわら、馬琴の家で代々作っていた薬の販売をおこなっていた。

作家業に没頭すべく大家をしていた(?)曲亭馬琴
(『南総里見八犬伝』国立国会図書館蔵)

このようにほかの仕事をしながらでもできるからだろうか、それとも年をとっても続けられるからだろうか、家主の株は人気があり、二十両（二百四十万円）から場所によっては二百両（二千四百万円）と高額で取引されていたという。

コラム

江戸の華　遊女が借金地獄から脱出する奥の手

ここまで、男性のことが多かったので、女性のことを取り上げたい。

江戸は、極端なほど男性が多い場所であったから普通に生活していても、女性とお近づきになる確率は低い。結婚も家の事情優先で、恋愛は度外視であった。そのため、男性たちは絶世の美女と疑似恋愛ができる幕府公認の遊郭吉原で遊ぶことにあこがれた。

一方、働く女性たちは、何らかの理由で必要となった大金のためにやってきた者ばかり。たとえば、落語の『文七元結《ぶんしちもっとい》』では父親の借金のカタに娘お久が、『仮名手本忠臣蔵』では夫の勘平のカタに妻のお軽が吉原ではなく、京都の島原《しまばら》に身を売るが、どちらも代金は五十両（六百万円）。当時、女性が遊郭に身を沈めればこれぐらいの金が手に入ると考えられていたのだろう。

彼女たちが手にした大金はすべて借金となり、働いて返済しなければならない。しかも、疑似恋愛の相手である絶世の美女に変身するために必要な衣装も化粧品も自分で買わなくてはならない。当然、その代金も借金に上乗せされる。手っ取り早く、この借金地獄から抜け出すには客に身請《みう》け、すなわち身柄を買い取ってもらうことになる。安永《あんえい》四年（一七七五）、松葉屋の瀬川が身請けされた時には、千四百両、現在の金額で一億七千万円ほどが松葉屋に支払われたという。

おわりに

ごくごくたまに、人前で江戸時代のことについて話すことがある。おじさまたちの反響が大きいのがお金の話。吉原の話じゃないのと思うかもしれないが、いやいや、お金のことになると、食いつきが違うのだ。「そんなところまで研究が進んでいません」という質問までされてくることもある。

現在に生きている人にならば、「毎月の飲み代はいくらですか」と聞けるかもしれないが、江戸時代の人にインタビューすることはできない。それでも江戸時代のお金について関心がある方が、日頃から抱いている疑問に答えることができたらと思い、執筆したつもりである。

普段は、「あっちの店の方が十円安い」「この商品は明日特売になるから今日は買わない」という生活を送っているからか、有名人の方々は思っていたよりも高額所得者で、石高を換算して数千万円、数億円という見たこともないような額になり、「えっ、ちょっと待ってよ。計算間違っているかも」と計算し直すたびに、何度も筆が止まってしまった。

これは由緒正しき貧乏ということに由来するのではないかと思う。数十年前、実家に伝わる古文書を専門家に読んでもらったそうだが、そこには、「あなたがつくる串は最高といわれた」というようなことが書かれてあったそうな。なんでも先祖は某藩の下級武士で、その藩では内職で藩士たちが削る楊枝《ようじ》や串が特産品だったそうである。きっと本職では褒《ほ》められたことがなかったので、その言葉がよほどうれしかったのだろう。傘張りなどの内職をしていた幕臣たちの中には、「武士にしておくのは惜しいほどいい腕ですね」とおだてられ、そのことを書き残した者もいるのかもしれない。子孫としては「そんなことより埋蔵金のありかでも書き残してよ」と言いたい。

埋蔵金といえば、徳川埋蔵金伝説が象徴するように江戸時代は、貨幣経済が広まった時代である。だから、何もないところから才能だけで大金持ちになる者もいれば、借金でどうにもならないという人もいる。突然、お取り潰し、今でいう倒産にあって、右往左往することもあった。今も昔も人件費は高く、財政難でこれをカットしたはいいが、いざという時に四苦八苦することも多かったようだ。また、人に口をきいてもらったお礼がいくらとか資料にあるように、今も昔とあまり変わっていないようだ。そう、江戸時代の人々は、現代の私たちと遠い存在ではなく、どこかで繫《つな》がっているなあと思わせてくれる身近な存在なのである。

二〇二二年晩秋

加唐亜紀

参考文献

藤田真一著『俳句のきた道 芭蕉・蕪村・一茶』岩波ジュニア新書／鈴木由紀子著『女たちの明治維新』NHKブックス／童門冬二著『忠臣蔵の経営学 大石内蔵助と赤穂藩〝倒産〟』学陽書房人物文庫／平井聖監修『大名と旗本の暮らし』学研プラス／河合敦監修『図説 江戸の遊び事典』学研プラス／童門冬二著『徳川三百年を支えた豪商の「才覚」』角川SSC新書／山下直也著『大名の家計簿〝崖っぷち〟お殿様、逆転の財政改革』角川SSC新書／岡本綺堂著『風俗 江戸東京物語』河出文庫／安藤優一郎著『江戸の色町 遊女と吉原の歴史』カンゼン／大石学編『多摩と江戸 鷹場・新田・街道・上水』けやき出版／石川英輔著『ニッポンのサイズ 身体ではかる尺貫法』講談社文庫／安藤優一郎著『百万都市を俯瞰する 江戸の間取り』彩図社／安藤優一郎著『徳川幕府の資金繰り』彩図社／赤坂治績著『江戸の経済事件簿 地獄の沙汰も金次第』集英社新書／竹内誠監修『江戸時代館』小学館／竹内誠監修・市川寛明編『一目でわかる江戸時代 地図・グラフ・図解で見る』小学館／徳永和喜著『偽金づくりと明治維新 鹿児島藩偽金鋳造人安田轍蔵』新人物往来社／佐々木丞平・佐々木正子・小林恭二・野中昭夫著『蕪村 放浪する「文人」』新潮社／油井宏子著『江戸奉公人の心得帖 呉服商白木屋の日常』新潮新書／稲垣史生著『町奉行』新人物往来社／稲垣史生著『楽しく読める江戸考証読本2 大江戸八百八町編』新人物往来社／棚橋正博著『笑いの戯作者 十返舎一九』新典社／高牧實著『馬琴一家の江戸暮らし』中公新書／小川恭一著『お旗本の家計事情と暮らしの知恵』つくばね舎／竹内誠・徳川義崇編『金鯱叢書 史学美術史論文集 第47輯』徳川黎明会／小野武雄編『江戸物価事典』展望社／安藤優一郎著『お殿様の定年後』日経プレミアシリーズ／大村大次郎著『お金の流れで見る明治維新』PHP文庫／河合敦著『豪商列伝　なぜ彼らは一代で成り上がれたのか』ＰＨＰ／山本博文監修『東大教授がおしえる忠臣蔵図鑑』二見書房／氏家幹人著『増補　大江戸死体考』平凡社／忠田敏男著『参勤交代道中記』平凡社／安藤優一郎著『鬼平の給与明細』ベスト新書／福田千鶴著『春日局』ミネルヴァ書房／笹間良彦著『江戸幕府役職集成』雄山閣／田村栄太郎著『江戸やくざ研究』雄山閣／岩橋勝著『ビジュアル日本のお金の歴史【江戸時代】』ゆまに書房／家近良樹著『徳川慶喜』吉川弘文館／大石学著『大岡忠相』吉川弘文館／大倉隆二著『宮本武蔵』吉川弘文館／片倉比佐子『大江戸八百八町と町名主』吉川弘文館／北原進著『江戸の高利貸　旗本・御家人と札差』吉川弘文館／鈴木暎一著『徳川光圀』吉川弘文館／橋本政宣編『公家事典』吉川弘文館／林玲子著『江戸店の明け暮れ』吉川弘文館／福田千鶴著『女と男の大奥』吉川弘文館／吉永昭著『近世の専売制度』吉川弘文館／小川明著『赤ひげと小石川養生所　肝煎の歴史』私家版／『別冊歴史読本　図説　宮本武蔵の実像』新人物往来社／『歴史群像名城シリーズ　姫路城』学研プラス／『山口村誌』〈上巻〉山口村誌編纂委員会編

ほかにも多くの文献・史資料、ホームページ、パンフレット等を参考にさせていただきました。厚く御礼を申し上げます。

MdN新書
043

江戸《えど》の給与明細《きゅうよめいさい》

2022年12月11日　初版第1刷発行

監　修　安藤優一郎《あんどうゆういちろう》

発行人　山口康夫
発　行　株式会社エムディエヌコーポレーション
〒101-0051　東京都千代田区神田神保町一丁目105番地
https://books.MdN.co.jp/
発　売　株式会社インプレス
〒101-0051　東京都千代田区神田神保町一丁目105番地
装丁者　前橋隆道
DTP　アルファヴィル
印刷・製本　中央精版印刷株式会社

Printed in Japan ©2022 Yuichiro Ando, All rights reserved.

本書は、著作権法上の保護を受けています。著作権者および
株式会社エムディエヌコーポレーションとの書面による事前の同意なしに、
本書の一部あるいは全部を無断で複写・複製、転記・転載することは
禁止されています。定価はカバーに表示してあります。

カスタマーセンター
万一、落丁・乱丁などがございましたら、送料小社負担にてお取り替えいたします。
お手数ですが、カスタマーセンターまでご返送ください。

落丁・乱丁本などのご返送先
〒101-0051　東京都千代田区神田神保町一丁目105番地
株式会社エムディエヌコーポレーション　カスタマーセンター　TEL：03-4334-2915

書店・販売店のご注文受付
株式会社インプレス　受注センター　TEL：048-449-8040／FAX：048-449-8041

内容に関するお問い合わせ先
株式会社エムディエヌコーポレーション　カスタマーセンターメール窓口 info@MdN.co.jp
本書の内容に関するご質問は、Eメールのみの受付となります。メールの件名は
「江戸の給与明細 質問係」としてください。電話やFAX、郵便でのご質問にはお答えできません。

Senior Editor 木村健一　Editor 松森敦史

ISBN978-4-295-20480-0　C0221